中华 爱国 人物故事

ZHONGHUA AIGUO RENWU GUSHI

著名豫剧表演艺术家常香玉

刘 达 编著

吉林人民出版社

图书在版编目(CIP)数据

著名豫剧表演艺术家常香玉 / 刘达编著. -- 长春:
吉林人民出版社, 2011.5
(中华爱国人物故事)
ISBN 978-7-206-07827-9

Ⅰ.①著… Ⅱ.①刘… Ⅲ.①常香玉(1922～2004)
–生平事迹 Ⅳ.①K825.78

中国版本图书馆 CIP 数据核字(2011)第 075675 号

著名豫剧表演艺术家常香玉

ZHUMING YUJU BIAOYAN YISHUJIA CHANG XIANGYU

编　著:刘　达
责任编辑:孙　一　　　　　　　封面设计:七　洱
吉林人民出版社出版 发行(长春市人民大街7548号　邮政编码:130022)
印　　刷:鸿鹄(唐山)印务有限公司
开　本:670mm×950mm　　　1/16
印　张:8　　　　　　　字　　数:70千字
标准书号:ISBN 978-7-206-07827-9
版　次:2011年5月第1版　　印　　次:2023年6月第4次印刷
定　价:35.00元

总　序

胡维革

　　《中华爱国人物故事》是一套故事丛书。它汇集了我国历史上80位古圣先贤、民族英雄、志士仁人、革命领袖、先进模范人物的生动感人史迹,表现了作为中华民族优秀传统的伟大的爱国主义精神。

　　爱国主义是人们对于"生于斯、长于斯、衣食于斯"的祖国的一种神圣感情,是人们对于自己民族的一种强烈的责任感和使命感,是感召和激励整个中华民族的一面永不褪色的旗帜。在漫长的历史上,爱国主义一直激励着中华儿女为祖国的独立、统一、进步和繁荣而英勇奋斗。从伟大的思想家教育家孔子到统一全国的千古一帝秦始皇,从秉笔直书著《史记》的司马

迁到鞠躬尽瘁死而后已的诸葛亮，从伟大的浪漫主义诗人李白到精忠报国的民族英雄岳飞，从七下西洋传播友谊的郑和到抗击倭寇的民族英雄戚继光，从苟利国家生死以的林则徐到为变法流血的第一人谭嗣同，从威震敌胆的抗联将军杨靖宇到人民音乐家聂耳与冼星海，从踏遍青山人未老的李四光到万婴之母林巧稚，从县委书记的好榜样焦裕禄到情系雪域献身高原的孔繁森……都表现出了强烈的爱国主义精神。正是由于热爱祖国的人们前仆后继地奋斗，国家和民族才得以生存，历经一次次历史危急关头而能转危为安，走向兴盛和富强，从而屹立于世界民族之林。爱国主义是鼓舞中华儿女历经忧患、跨越沧桑、百折不挠、自强不息的伟大力量，它贯穿于中华民族的整个历史，并有力地凝聚着五洲四海的中国人。

　　爱国主义是一个历史的范畴，在社会发展的不同阶段、不同时期有着不同的具体内容。革命时期，需要我们为祖国的独立自主出生入死；建设时期，需要我们为祖国的繁荣富强增砖添瓦；在全国各族人民团结一心建设富强、民主、文明、和谐的社会主义现代化国家的今天，我们要争做一名新时期的爱国者。新时期的爱国者要有强烈的民族自尊心和自豪感。民族自尊心和自豪感是任何时期任何爱国者都必须具备的情感。民族自尊心能增强我们自立向上的恒心，民族自豪感能树立我们建设祖国的信心。要树立"祖国高于一切"的崇高信念，为了祖国和人民的利益不惜抛却个人的利益，甚至不惜牺牲个人的生命。要树立终身学习的理念，拓

宽自己的知识面,广泛吸收新知识新技术,完善
自身的知识结构,更新学习知识的方法与理念,
从思想上、知识上充分武装自己,为祖国的繁荣
昌盛贡献力量。

　　爱国主义思想的继承和发扬,是关系到民
族盛衰、国家兴亡的根本问题。一代代人爱国
主义思想情操的形成,需要不断地培养。培养
爱国主义的一个重要途径是向爱国主义的英雄
人物和典范事迹学习。这套丛书的出版,对于
人们向英雄和先进人物学习,特别是对于在中
小学生中进行爱国主义教育,将可提供一些生
动的教材。祝愿此书出版发行成功,为培养"四
有"新人做出贡献。

于 2011 年 4 月 23 日

世界读书日

中华爱国人物故事

编 委 会

目录
CONTENTS

目 录。
CONTENTS

苦难的童年

在河南省巩义市唐代大诗人杜甫故里，洛河入黄河的地方有一个小山村——董沟，1923年9月15日著名豫剧表演艺术家常香玉诞生在这里。常香玉姓张，乳名妙玲。张妙玲家因为日子艰苦，主要生活来源也就是要饭。

常香玉

她自幼很少吃过盐，吃油就更不要提了。她老祖母每次梳头，梳下的花白头发都要收拢起来，塞到窑外的墙洞里。若遇上吹糖人的小贩来了，她就把那团头发从墙洞里取出来，换一个很小的糖公鸡。说她是吃百家饭长大的，这是丝毫不差的。

因为长期悲惨的生活，磨炼出了她坚强的性格。她的刚正不阿、宁折不弯的品格，也是从狂风暴雨中磨炼出来的。她待人宽厚，严于律己，更是从苦难生活中拼打出来的。想想别人的长处，谅解别人的难处，这更是中原人做人的固有本性。

常香玉的父亲原名张茂堂，自幼因家境贫寒，难以为生，后来出去当了兵。旧军队里有人会唱戏，他是个有心人，便跟着学会了唱旦角，而且会的不少。从军队上回家后，他瞒着村里的族家以及亲戚，跟着戏班下海唱戏。因为他唱旦角，就起了个艺名叫张福仙。

张福仙当年演戏，声腔极好，人们给他送了个诨号叫"二百贯"，也就是说开腔就值二百贯钱。张福仙多年在外唱戏。他因为不是科班出身，身上功夫不行，武戏不能唱，只能唱旦角的文戏，按旧时的行话叫是坐板凳头儿的。但他天生一副好嗓子，音质好，遭到同行的忌妒，就是人们常说的"同行是冤家"。有人在他茶中下药，张茂堂的嗓子一夜之间就坏了。不要说开腔就值二

百贯，而是再没有戏班要他了。断了生路，他只好回家过苦日子。

此时的常香玉，已是六七岁了。将来以何为生，这是令张福仙锥心刺骨的事情。于是，他又想到让闺女学戏。不管怎么说，学戏总比送去当童养媳挨打受气要好。特别是想到他的二妹、四妹，尤其是四妹的惨死，更使他痛心——这可是近在眼前的前车之鉴。穷人家的闺女，自小要送出去当童养媳，在豫西人们早已习以为常。

一天，这样的事情终于降临到张家。常香玉的大姑，约着她的三姑来找张福仙给常香玉提亲。而张福仙想的是让闺女出去学唱戏，但又不敢给他大姐明讲，激烈的争吵于是就发生了。常香玉为了躲过被卖做童养媳的命运，父亲把9岁的常香玉领上了学戏的路，那时学戏是被乡亲们瞧不起的，那个时候给农村人的感觉，唱戏的比给人做童养媳的还要低级。唱戏的戏子死了不能入老坟的，戏子那时候统称都是下九流之类，尤其是姑娘女孩家学戏很少。

后来遇到一位常老大，拜为义父，开始姓常。常老大对常香玉就如同自己的女儿一样，随义父姓改名为常香玉。其义父为人爽性豪放，最喜戏剧而最爱项羽之类。故易常香玉为常项羽，又觉此名不宜于女，故更之为香玉。玉者，高雅纯洁、坚固之意，姓、名意义相联系，表现了她对艺术的执着追求，要艺术之花常香不败；为人处事，要有坚定的原则性，心灵纯洁，坚贞如玉。初学小生、须生、武丑，后专演旦角。为了让常香玉学戏，父亲卖了家里的土窑，带着常香玉和常香玉的弟弟，母亲，一家四口前往密县，父亲在一个戏班帮忙，常香玉开始学戏。

常香玉在密县学艺时，起早到河边去喊腔。因为人们相信对水喊腔，腔会水灵。白天练功，夜晚更得练，临睡觉前还要练一炷香的眼功。小香玉盘膝坐在床上，手拿一根香放在两眼正中，两只眼睛要全神贯注地盯着香头。香烟就是熏得眼睛流泪，也不准动，目的是练眼

密县县衙

神。唱戏眼睛没神，观众就没法看。这之后数年在外跑高台，这项规矩从来没有改变过。

跑高台是很苦的，一天三场戏，演员想歇一会儿几乎不可能。小香玉大清早起来喊腔一天也不能少，一天三场戏大小角色都得上，想离开后台歇一会儿都别想。每天煞罢夜戏，就是12点左右了。回到住处别忙着睡，拈一根香点着，练眼功是必不能少的。一炷香燃尽，至少要40分钟吧。小香玉拈着香、看着香头，张福仙坐在那里盯着。她一打瞌睡，父亲劈头就打。

那时跑高台，三天一个台口。这个台口完了，当晚就要起程赶下一个台口，不能耽误第二天上午唱戏。夜晚赶台口，近的10里、20里，远的40里、50里，也必须天明之前赶到。要说演员不困、不瞌睡，那是不可能的，何况当时年纪幼小的常香玉。她父亲有个治小香玉瞌睡的法，就是叫她练着功走路。若是见路边上四五尺高的田埂，父亲就让她从田埂上向路边"劈双叉"。今天让演员"劈双叉"，没有毯子恐怕谁也不干。可小香玉当年的"劈双叉"，就是在田埂上，两腿伸直，劈在硬硬的地面上。张福仙说，这才叫真功夫。在深夜里，走着路、练着功赶台口，小香玉能不瞌睡吗？

张福仙是个很有眼光、很有见解的人，常派唱腔的形成最早就是由他帮常香玉改戏开始的。他认为戏是苦

田埂地

虫，非打不成，咱就是非打。当时父亲对她说过这样一句话："我宁可让你跟我学戏被我打死，也不能让别人把你给打死。"学成了我给她打不死了她有碗饭吃，打死了我自己给她打死了，我心里不愧，我不能叫别人给她打死。那时候女的唱戏很少，常香玉小时候就很喜欢看戏，很喜欢戏。父亲首先教的就是梆子戏《洪桥关》的那四句慢板：

老父王驾座在洪桥，

所生我二八女多娇。

他问我爱习文来爱习武，

女儿我自幼就爱抡大刀。

常香玉每天起早练，中午往矿上送饭时还练，一天从早到晚，没完没了地唱。因为这四句慢板腔弯特多，也就特别难学。这也可以算作练习基本功吧！

常香玉到底怎么办呢？父亲张福仙自有他的想法：常香玉从9岁学艺，不但要练嗓子，而且要练身上功夫。只要身上功夫扎实，就是将来嗓子坏了，当个武功教师，也自然会有饭吃。不至于像自己，嗓子一坏就只能回家。于是，他就让常香玉练习"毯子功"。弄不来毯子，张福仙和李戊己就在房子外面的一片平地上，用铲子把地翻了一翻，让常香玉权且当作毯子用，又翻筋斗又练乌龙绞柱等。李戊己还挺高兴，说："常香玉啊，这多好哩。翻过的地踩实了，李伯再给你用铲子挖挖。"就这样，早晨起来练唱，白天有空就练功，夜晚也从不敢偷闲。李戊己看着常香玉这么用功，非常高兴。

大凡童年练功，腿功是一项基本功，必须天天练。腿功的练法，是挺胸叉腰，两腿绷直，用脚尖踢到鼻尖。左腿踢罢踢右腿，从最初的十几腿练到几十腿，逐渐增加，能左右各踢一百腿，腿不疼气不喘，就算有了功底。

这项基本功练得常香玉的双腿都肿了。按照张福仙的说法，必须坚持练，越肿越练，练到由肿到自消，功

常香玉故居

夫才能出来。常香玉腿又肿又疼，几乎走不成路。魏彩荣和李戊己觉得孩子实在可怜，药是买不起的。不知在哪里听了个偏方，李戊己寻了些晒干的辣椒棵子，煮成水，由母亲每晚给她洗腿。不管怎样，常香玉腿上的肿疼就慢慢消下去了。

一天，天上飘着雪花，常香玉在院里踢腿，一边踢着一边数着数字。实在踢不动了，就停了下来。谁知，张福仙也在屋里看着常香玉踢腿。一看她停下了，张福仙出来问："你踢了多少腿？"常香玉说："各踢一百腿。"张福仙不由分说，拿出鞭子就往常香玉的头上、身上猛抽。张福仙打常香玉的这条鞭子，是他特意做的。一天晚上，张福仙用麻绳拧了一条很粗的鞭子，边拧边问："常香玉，爹拧这条鞭子，是干啥用的？"常香玉说："咱家跟俺李伯都没有牲口，赶牲口才用鞭子，我不知道这鞭子是干啥用的。"张福仙说："我跟你说，你记住。今后不好好练腔，不好好练功，就得挨鞭子。"张福仙说着，用力一甩，"啪"的一声炸响，吓得常香玉瞪目打战。这次常香玉踢腿谎说数字，结果被打得浑身是伤。这是父亲第一次用自造的鞭子痛打常香玉，也使常香玉终生记住了那句话："戏比天大！"

1929年秋，张福仙亲自领着常香玉去郑州到葛衍庭的下处去拜师。酒钱奉上，常香玉又恭恭敬敬地给葛师傅磕了三个头。葛衍庭很理解张福仙的心意，也深知他的诚恳，约定每天早晨到戏园子里舞台上，去教常香玉练功，两人住在郑州南关的一个远房亲戚家。常香玉的父亲仍回到密县，和李戊己下矿井劳动，继续艰苦地攒钱，用以供应女儿拜师学艺。

张福仙一家几口，在李戊己家住了一年多后，便领着常香玉进入戏班。因为常香玉还是个学徒，只能在戏班里串个角色，唱个垫戏。戏班里有师傅办科班，常香玉也跟着入科学艺。常香玉一面学戏，一面串角色。旧时的普遍规矩是吃饭不拿饭钱，唱戏不给身价，生活当

郑州是一座古老而年轻的城市

然是困难的。张福仙因为没嗓子，也只能在戏班里管管衣箱，收拾收拾后台。做这类杂活身价很低，但为了女儿他也只好如此了。

密县一带煤矿很多，好看戏的人也很多。这个戏班封箱了，常香玉就到另一个戏班去。另一个戏班往往也有师傅教徒弟，张福仙不把常香玉培养成文能唱、武能打是决不罢休的。有位师傅名双槐，教常香玉跪舞双枪，常香玉就跪在地上双手耍枪。师傅讲得也有道理，说是古代打仗没有跪在地上打的。你练跪舞双枪这套功夫，一失手枪头就会扎在地上，震得手臂发麻。若练得套路熟练，又不失手，你在台上打武戏，才会轻松自如。

　　张福仙对常香玉要求严，不管练唱、练舞，他都跟着看着，一点儿也不马虎。父亲要求常香玉必须唱会两板戏，还要字正腔圆，常香玉绝不敢犟。有时，张福仙甚至要她翻着跟头走路。那坚硬的路面就是练功的地毯，再苦再累她也得忍受。每当看着大主演骑着毛驴走路，常香玉心里就想：我何时能有这一天哪！

　　在张福仙的鞭子抽打下，常香玉在豫西跑高台的生涯就是这样在勤学苦练中度过的。旧时代的人常讲："鞭棍之下出孝子。"张福仙却认定："鞭子底下出人才。"今天看来，似乎是太残酷了。但张福仙背井离乡地把女儿领上这条路，他也只能咬着牙这样做了。

密县县衙内景

常香玉已经十几岁了，武功、唱功俱佳。从唱垫戏、串演小角色，慢慢地能够饰演人物了，甚至能够在高台生涯中演大角色了。

在豫西跑了数年高台之后，张福仙决定到城市去闯闯。首先，他选择了郑州。当年有个好掌班的叫周海水，也是张福仙的朋友。

周海水（1894年—1965年），男，豫剧生角。河南省荥阳县王村乡韩村人。

幼年进密县小八班学戏，科满留址。后曾到密县超化窑大二班、小二班、太乙老班、白寨新太乙班等处搭班。初主演丑角，活跃于豫西舞台，后改须生。他勇于探索，大胆创新，在不断学习和实践中，形成了自己一整套独特的豫剧须生表演声腔艺术。其唱腔讲究"三分唱、七分白"。念白时抑扬顿挫，唱腔则用豫西调的"下五音"，吐字清，腔调润、喷口准确脆拔，富有力度。其表演绝技甚多，最拿手的"气死功"，瞬间昏倒，形象逼真。于"豫西三张"之外独辟蹊径，自成一派，时号称"一周三张"，并被豫剧界誉为"须生泰斗"。1928年他还在郑州创办"太乙班"，集各路演员为一炉，打破门户之别，影响甚大。后又筹资兴建"长发戏院"。1930年他与胞兄周银聚（名武生）合作，创立科班，聘请名师贾锁、李金成、许玉川、高保泰等，致力于戏曲教育事业，冲

破世俗偏见，开始招常香玉、汤兰香等大批女生入班，拜其门下。

1935年11月，他率领全班人马第三次东进开封，一举成功，从此打破了豫西调演员难以在开封立脚的局面。1936年底，他又率太乙班西征长安，将豫剧艺术传播至西北。其杰出的活动、组织、管理能力，曾使豫剧人才迭出。

20世纪30年代末，号称"十八兰"的毛兰花、崔兰田、王兰琴、郭兰玉、秦兰花、车兰玉、马兰凤、范兰荣、李兰菊、罗兰梅、陈兰荣、汪兰巧等一批女演员脱颖而出，在全国各地豫剧舞台夺芳争艳。1955年周海水

密县县衙内景

开　封

进荥阳县豫剧团，1956年调开封地区豫剧团，1962年以《清风亭》一剧参加了河南省名老艺人会演。

1933年的春天，常香玉学戏还不足一年，张福仙带着她从密县到郑州，投奔太乙班领班周海水，周海水是豫西的名须生，戏路很宽，会戏很多，常香玉的父亲张福仙同周海水是老相识，于是，请周海水把自己的女儿收作徒弟。

周海水热情地接待了张福仙父女，却没有痛痛快快地收下常香玉当徒弟。他提出了一个条件：先演三天打炮戏。这是一个严峻的考验，常香玉由于精神紧张，用劲太足，三场戏都没演好，周海水看了以后，对张福仙说："孩子嗓音清亮，底气也足，是块好材料。不过，我正准备带领戏班到开封闯天下，要是叫她跟着我，我可是没空在她身上多下功夫，只怕要耽误她的前程。"他又深情地看了看常香玉，关切地说："她身手灵活，会翻会踢，只是有些动作太不规范，要及早请名师指点，越晚越难改。"

周海水的话一下子抓住了要害。原来常香玉的武功

比起今天的许多水利工程，"香玉坝"的规模并不出奇，甚至还略显"寒酸"，可是60多年来，很多水利工程被人们逐渐淡忘了，唯独这并不起眼的"香玉坝"却在百姓口中相传。

是跟父亲学的，可他却又没有这方面的功夫。只知道逼着闺女死练。练来练去，认真说起来，只不过落了个花里胡哨。这一点张福仙早已看在眼里，只因当时豫剧界，尤其在农村跑高台的剧团，对武功的要求并不高，一直物色不到合适的师傅，再加上手头并不宽裕，孩子学戏的时间还短，所以一直抱着"将来再说"的态度。如今，经周海水这么一点，他不由得心里一震，不仅把拜师问题置诸脑后，反而衷心感激老朋友的提醒和坦率。

常香玉自幼争强好胜，天生一个不甘屈居人下的脾气。周海水的话使她大惑不解，心想：跟着父亲练武功，汗没少流，力没少出，还挨了不少鞭子，动作怎么会不合格呢？刚迈出周家大门，她就急不可待地问父亲："跟着你练功，我可是没有偷懒耍滑呀！"委屈的眼泪几乎夺眶而出。张福仙深情地看了看女儿，慨然答道："都怪我没有能耐啊！我教你的那点本事，在农村跑高台，还马马虎虎；要是到郑州、开封，那可就是拿不出去；如果跟黄戏（京剧）比，差得就更远了。"常香玉眼睛一亮，拿定了主意。从郑州回密县，一路上絮絮叨叨地说着一句话："爸，我要一个教我武功的京剧师傅。"

女儿的执拗给父亲带来了满心的欢喜。不久，张福仙就带着常香玉二进郑州，拜著名京剧武生葛衍庭为师。尽管常香玉因故只跟葛衍庭学了两个来月，但她第一次

尝到了向兄弟剧种学习的甜头。到了开封，她跟京剧师
傅学了打出手，进一步开阔了视野。戏曲百花园里姹紫
嫣红，虽然她还来不及完全领略，却都对她有不可抗拒
的诱惑力。常香玉当时在开封唱戏，勤奋好学，不辞辛
劳。有时唱完了中轴，就赶快卸装，跑去看"祥符调"
"豫东调"，有时更看京戏。她吸收了各路梆子的长处，
也从京戏中学来不少长处。后来就跟父亲商量，想学学
"祥符调"和"豫东调"的唱法。张福仙一听就觉得很有
道理——取彼之长，补己之短，这是对的。他觉得常香
玉的声腔艺术中，若能再创造些新腔，那会更好听。于
是，张福仙就给常香玉请来了唱"祥符调"的旦角老师
聂良卿。

开 封

　　聂良卿一有工夫，就赶到常香玉的家里，教常香玉学习"祥符调"的各种唱法。张福仙再给她指点着，很快融入常香玉固有的唱法中，观众一听很新鲜，颇获好评。张福仙又给常香玉请来唱"豫东调"的老师，教唱"豫东调"的各种唱法。常香玉既学"豫东调"，又学"祥符调"，而且又把这两路梆子的唱腔融入她的唱法里。

　　父亲为了让常香玉积累舞台经验，让年幼的她参加各种演出，是小生、武生、丑角、各种角色都演。就这样，年仅12岁的常香玉便已经小有名气了，积累一定的舞台经验既能演文戏，又能演武戏。

　　1937年春，常香玉新排的《西厢记》和开封观众见面了。这是一本连台戏，共分六部。在前四部里，常香玉扮莺莺；在后二部里，她改扮红娘。演出获得了极大的成功，盛况空前。

戏比天大　艺无止境

　　常香玉的事业心、进取心，是她成功的主要因素。一个演员，如果不热爱自己的事业，没有点志气，是很难唱好戏的，也难以保持长久旺盛的艺术生命力。常香玉把戏曲事业作为自己的终身事业，不论在多么艰难困苦的情况下，她从未间断过练唱。常香玉从 9 岁学戏，她的唱腔直到年近 80 依然不衰，到老年每天仍要吊嗓，她到老仍然不断练功，功夫也就不衰。可以说是练成了一个铁嗓子、金腔口。从艺 70 多年，她曾舞过白素贞的宝剑，握过花木兰的长枪，把对艺术永无止境的追求当作了自己生命的全部，使一个乡间小剧种成为中国地方大剧种，不仅唱遍黄河两岸、大江南北，而且走出了国门，拥有亿万观众和戏迷。

　　1935 年农历的腊月初，即将满 13 岁的常香玉随豫西调名艺人周海水的戏班来开封醒豫舞台演出。醒豫舞台在吹古台街新中国成立后曾改为市政府礼堂，东临大相国寺，西通中山路，北临寺后街，向南不远是自由路。这是一个居民集中、商业兴盛、交通便利的文化娱乐场所。演出前三天，戏院门口就贴满了大海报，头等角儿的名字，一个字有半张报纸那么大，二等角儿的名字有拳头那么大。可常香玉呢？当时她还只是个无名小卒，根本上不了海报，但她自己毫不介意，心里十分坦然。

那时的戏院，日夜两场，每场演出都在4个小时以上，所以，开演后先演垫戏，接下来才是中轴戏和大轴戏。垫戏有两个作用：一是等候观众到齐，使早来的观众也有戏可看；二是为后边的压轴好戏作铺垫。当然，演垫戏的都是一些无名演员，常香玉那时就属于这种演

开封大相国寺

员。第一天的垫戏是《曹庄杀妻》，常香玉饰演恶媳焦氏，由于演出前准备得充分，人物刻画得恰当、到位，特别是她的唱腔吐字清晰，再加上她武功基础好，使观众感到新颖、别致、与众不同。尤其在曹庄追打焦氏的过程中，常香玉结合剧情进展加了3个小翻，这下子，赢得了观众连连喝彩，纷纷打听这个小姑娘叫什么名字。

首演成功使常香玉信心大增，也使一直在幕后为她策划、排演的父亲喜出望外。在以后的垫戏中，常香玉越演越好，发挥自如，唱做俱佳，本来看垫戏的观众不多，由于她演得好，看垫戏的人竟越来越多，夸赞声不绝于耳。

两个月后，慧眼识金的班主周海水便让常香玉改演中轴，海报上也开始出现她的名字，每个字都有拳头般大。到了下半年，她不仅能演《玉虎坠》《桃花庵》《大祭桩》里的小旦、青衣，还能演《荆轲刺秦》里的武生，有时还在一些剧目中扮演老旦、丑角。由于她个人的努力和观众的喜爱，她演中轴的地位越来越巩固了。

常香玉自幼就是一个永不满足的小姑娘，由于大相国寺里的戏院多，她一有空便和父亲一起去看其他戏班的演出，只要好听、好看，立即学到手为己所用。在艺术上她不守旧，没有门户之见。有一天，父亲领着她去看京戏，剧目是打武戏《泗州城》，女旦打出手的精彩表演深深吸引了她，特别是枪在空中不停地飞舞，脚在不停地踢，令人眼花缭乱。她着了迷，决心要把这种本领学到手。开始时，父亲不同意，认为太难了，但顶不住女儿的执着，最后父亲请来一位姓杨的京戏师傅，专门教她出手戏。出手戏是很折磨人的，配合稍有不好就会伤人，只练得她身上青一块、紫一块的，脚面肿得穿不上鞋，连走路也一瘸一拐的。就这样，她一天两场戏照演，硬是苦练一个月，把《泗州城》拿了下来。

1936年中秋节前几天，《泗州城》连演三场，顿时轰动了古城。梆子戏亮相打出手，而且由一位十三四岁的女孩子演出，观者踊跃，反响强烈。那三天，戏院里座无虚席，中轴戏演得比压轴大戏还叫座。从此以后，常香玉的名字在海报上站到了头排，她正式成了主演。

当时，开封的梆子戏很多，名角荟萃，竞争十分激烈。常香玉的父亲是老艺人出身，他心里非常明白，自己的女儿能在省城站住脚，靠的是武功扎实和唱腔过硬，但仅有十几出戏，想长期固守在开封是不可能的。他向常香玉提出严格要求，规定她必须达到连演45天不重戏的标准，同时，还要排演新编剧目，也就是别的戏班没有、唯独自己能演的"看家戏"。

机会终于来了，经朋友介绍，戏班里来了两位有学问的先生，一位是王镇南，一位是史书明。他们两位都

常香玉在抗美援朝前线为志愿军演出

是省会教育界的名流，受过高等教育，平时不仅热爱戏曲，而且主张对河南梆子进行改良。他们为常香玉编写连台本戏《西厢记》，共六部，俗称六部《西厢》，第一、二部主角是莺莺，后四部主角是红娘。常香玉作为主演，便在前两部演莺莺，后四部演红娘。演出前一个星期，海报就贴得满街都是，演出时更是场场客满、掌声不绝。但她并没有在成绩面前止步，而是在王、史两位先生的指导下，演一场，进一步，边演边改，边完善边提高。六部《西厢》轰动了省城，盛况空前，得到了社会各界的赞誉。从此，常香玉在自己的艺术道路上跃上了一个新的台阶，艺术素质和文化素质都有了很大提高。同时，她也深深认识到，河南梆子的改革、发展和提高，离不开知识分子的参与，演员必须努力提高自身的文化和艺术修养，必须不断地创新自己的演出剧目。

抗日战争爆发以后，时局不稳，人心惶惶，戏院里上座率开始下降。1938年春，日本飞机多次来开封轰炸，爱国学生纷纷上街游行、演讲、演街头剧，抗日的呼声十分高涨。学生们的爱国举动也激励了戏班子的爱国热情，他们从活报剧《放下你的鞭子》中得到启发，便邀请王镇南先生写了一出现代题材的梆子戏《打土地》，由常香玉领衔主演。故事是说"九一八"事变后，一老汉携儿媳从东北逃往关内，在一个土地庙里栖身。儿媳因丈夫和孩子被日寇杀害，精神失常，她指着泥塑的神像问："这是什么？"老汉答："那是土地爷，快磕头。"儿

常香玉做客艺术人生

著名豫剧表演艺术家常香玉
ZHUMING YUJU BIAOYAN YISHUJIA CHANG XIANGYU

035

媳愤怒地说："啊，他是土肥原（日本侵略军头目的名字）。"说着，边唱边控诉日本鬼子的侵略罪行，并将泥塑打翻在地，边唱边打，边高呼"打倒日本帝国主义"。尽管《打土地》的情节比较简单，但演出效果十分强烈，往往台上台下同呼口号，场面相当感人。

《打土地》是豫剧发展史上第一出现代戏，这在当时是难能可贵的。1938年2月4日的《河南民国日报》上曾对此剧有专门报道。

1942年秋，常香玉应邀到宝鸡演募捐戏，为河南同乡会组建的、灾民子弟上的中州小学筹募基金。演出结束后，常香玉经李会长介绍，认识了河南老乡、宝鸡大新面粉公司董事长黄自芳。黄自芳是个戏迷，能写会画。他写的剧本《灯节缘》，让常香玉在1943年农历正月十六进行了赈灾义演。不久，常香玉又上演了黄自芳根据《孔雀东南飞》改编的《鸳鸯梦》。

《灯节缘》的故事是某年的正月十五元宵节，集市上举行灯会，前来观灯的人很多。一位小姐爱上了一位公子，两人到背人处说话，相约来年看灯再次会面。到了第二年，两人私订终身，并且山盟海誓，就是海枯石烂也决不变心。这位公子告诉小姐说："今年是大比之年，皇上开科，我得去赶考。若得中有了地位，就请人说媒，用八抬大轿把你娶走。若还金榜不能得中，来年仍在此地相会。"那时,黄榜有名也绝非易事。因此,第三年灯节相会时,两人也就相伴着逃跑了。这个故事分明是在反抗封建礼教,让香玉非常喜欢。加上文辞非常流畅,观众一听就懂,那就更喜欢了。特别是那最后一句"但不知自由花开到何年",就更表明了青年男女对自由幸福的追求,对封建礼教的反叛。于是,《灯节缘》很快排演并在那一天上演了。果然受到观众的好评,上座率很高。就这样,在宝鸡,常香玉又成了妇孺皆知的当红演员。

朝鲜战争时期,常香玉带领整个常香玉剧社奔赴朝鲜战场,为志愿军进行慰问演出,常香玉当时是慰问团的副团长,带一个队。那时候常香玉马不停蹄地演出,为的就是用自己微薄的力量为国家、为社会做点什么。"伤兵我去慰问,看见伤兵我就心疼。"每天都是晚上去演出,都是摸黑去的,那个剧场里头都是拿那个黑布红布盖严,一点亮都没有,里头有的都是弄手电,有的都是弄好多手电打着在那儿演戏。常香玉和"常香玉剧社"过鸭绿江即开始演出,一直演到上甘岭前线。演出地点,多是在坑道里和掩体下,有时几十位战士观看她的演出,有时只有十几位,百人以上的观众几乎很少,因为那是一个特殊的战争环境。

一次,她正在掩体里演出《花木兰》,突然,敌人的

炮弹袭来，掩体里的泥土落了常香玉一身。此时，几位战士飞步向前把常香玉推倒，战士们用自己的身体挡在常香玉身上，以免常香玉受伤害。这件事情，常香玉什么时间谈起来都为之动容。她常说："我和这些战士素不相识，这些战士为了保护我，竟然不惜牺牲自己。"她在朝鲜前线演出最多的是《花木兰》，也最受战士们的欢迎。战士们常常高呼："打倒美帝国主义！向女英雄花木兰学习！"常香玉以及她率领的慰问团，在朝期间受到了中国人民志愿军的极大关怀和爱护。

夜晚，在她住的房子门口，有一位志愿军战士给她站岗守夜。次日清晨，常香玉发现后就为这位战士单独演唱几板戏。所到之处，志愿军战士总是把她高高举起

鸭绿江

来。而对一些年轻的小演员，战士们更是欢呼着，把他们高高地举起来摽来摽去。在战士们中间，有的战士是河南人，有的是流落在陕西的河南同乡。这些穷苦出身的战士们，也曾在日本鬼子以及"水、旱、蝗、汤"祸乱中原时随父母向陕西逃亡。有的甚至吃过常香玉用义演所买来的小米，或者在同乡会设置的粥棚里吃过粥饭。提到这些事情，他们无不对常香玉表示感激。在朝鲜战场上，常香玉带领着豫剧队，冒着炮火深入到朝鲜战场的最前线。

1941年常香玉同志曾得过一次肋膜炎脓胸，之后的1942年曾在汉中有所复发。1952年为捐献战斗机，她不可避免地引起了过度的劳累。接着到朝鲜慰问演出，右肋的两道大伤口又有些发炎，每天低烧。同志们劝她休息，她坚决不同意。而且每一场演出不论观众多少，她都登台演出，十分认真。化完装，她就把病给忘记了。她常挂在嘴边的话是："戏比天大。给志愿军战士演出，任务是神圣的。稍有懈怠，出一点儿错，就对不起出生入死的战士们，就对不起祖国的重托！"她打起精神演出，但每次演出结束，她就会疲惫不堪，低烧又起。

她在朝鲜慰问演出时间很长。据常香玉本人讲在一百七十余天里演出了一百七十余场。当她演出结束时，朝鲜停战协定已经在板门店签字。在回国途中，他们坐

着汽车，一路高歌渡过鸭绿江返回了祖国。

　　常香玉和常香玉剧社为志愿军募捐义演的活动，在全国产生了极大的影响，受到各级领导和人民群众的好评，称其为"爱国艺人"和"爱国主义的典范"。志愿军归国代表团特向她赠送锦旗，并在常香玉代表祖国人民赴朝慰问志愿军时，又向她献上束束鲜花，以感谢她为抗美援朝战争作出的贡献。

　　1959年，常香玉演出的一个颂扬杨家将的剧目《破洪州》，受到了毛主席的赞扬，毛主席在郑州看了这出戏后，特意给周总理写信，建议请常香玉到北京为全国人大代表演出《破洪州》，这在常香玉演出生涯中是一件引以为豪的事情。

常香玉——戏比天大

常香玉（右）与弟子合影

　　遵照毛主席、周总理的指示，由国家文化部安排，《破洪州》作为国庆十周年的献礼剧目，于1959年9月下旬奉调进京，10月2日晚在中南海怀仁堂作了专场演出，毛主席又一次出席观看。毛主席在第二次观看《破洪州》的过程中，仍然全神贯注，兴致盎然，剧终后，仍然走到台前向演员招手致意。上台会见全体演职员的是周恩来总理、北京市委书记彭真和国务院副秘书长齐燕铭。周总理和演员握手、合影后，发表了如下讲话（大意）：

　　看了你们的演出，感到很高兴，特别是常香玉同志的演唱，特别精彩，我向你们表示感谢。以前，我看过杨淑英主演的川剧《战洪州》，和豫剧的表现手法不完全相同。川剧《战洪州》穆桂英在战场上没有生孩子，你们演的穆桂英在战场上生了孩子，然后把孩子裹在胸前继续作战，这表现了穆桂英不怕牺牲的英雄主义精神，但这种表现手法是不是有点残酷？请你们再加以斟酌。总的来说，《破洪州》是一出寓教于乐的好戏，可以多演，在演出中不断加以完善。齐燕铭同志是专家，可以请他给你们出出主意……

1964年5月30日首演《李双双》（现代戏）原作是河南作家李准写的，拍成电影后在全国影响很大。后来根据这部电影，各个剧种给改成各个版本的现代戏。常香玉也主演了这出戏，当然演的是李双双。《奔流》戏剧专刊曾给她发过一张大照片。

1964年元旦首演《朝阳沟》（现代戏）她饰演拴宝娘。大家都知道，这出戏原是豫剧院三团首演的，而且经久不衰。常香玉为什么会演这个角色呢？这确实有着鲜为人知的一段故事。1965年的春季，豫剧院三团在长春电影制片厂把这出戏拍成了电影。电影拍完后，回郑州路过北京被中央文化部留了下来，原因是毛主席提出想看看这出戏。毛主席更提出："是否让常香玉也上去，我一起看看。"文化部向河南省委传达了毛主席的这个要求。毛主席要看这出戏，而且还要常香玉也上场，河南省委和文化主管部门当然要高度重视。豫剧院三团在北京等着，常香玉得到通知后连夜赶往北京。她从来没有演过这出戏，因此，在火车上学了一夜的唱词和唱腔。常香玉曾讲："我的天哪！这可是给中央领导人、给毛泽东主席演的，稍有疏漏，将会造成终生遗憾，造成无法弥补的损失！我真体会到'戏比天大'这句话的意义了！天有个窟窿，女娲娘娘还能炼石补天。找常香玉如果弄出点儿闪失，可是补也补不成啊！"

她到了北京以后，吃一点儿东西也不知道味了。丢

长春电影制片厂

下碗,演员们就帮她走台步,现场排练。过去饰演拴宝娘的是高洁同志,高洁在排练场上对常香玉同志教得特别积极认真。常香玉同志每谈起这件事情,对大家的热情帮助,总是充满感激之情。过去在戏剧界常讲:一看就会的叫天才,一学就会的叫能才,用棍子打着还学不会的叫蠢才。此时的常香玉不但是一学就会,而且舞台上的动作大致一说也就记得清清楚楚。戏剧当晚就演出,毛主席、周总理等中央领导观看了演出。中央领导人看得非常满意,十分高兴。演出结束后,毛主席等中央领导人上台接见了演员,且拉着常香玉和她并肩站在一起。这次演出后,《人民日报》《河南日报》《奔流》戏剧专刊也都发表了那天的消息和照片。《朝阳沟》这出戏,是

常香玉

1958年大跃进时写成并演出的。常香玉同志当时是豫剧院院长,豫剧院三团在排演这出戏时她也是持积极态度。比如《银环下山》那一

1962年，常香玉（后排左二）和全国各剧种的演员在一起交流表演艺术。

板唱，就是吸收了豫西调的唱法而创造出来的。常香玉曾经先哼个路数，然后叫音乐设计，继而进行斟酌推敲，以臻完美。

1965年6月9日首演《人欢马叫》（现代戏），同年被拍摄为电影；《人欢马叫》，这出戏是当时许昌地区文化局抓的。局长是郭文泉，作者是刘锡年和李树修。当时的《奔流》戏剧专刊发现这出戏，主要喜欢这个戏的生活描写，觉得语言颇有特色，生活气息很浓，就把作者请到郑州，给剧本作反复推敲。这个戏上演后，省里组织一大帮子人员前去观看演出，几乎是人人称赞。到了1965年的夏季，中南大区要举行会演，《人欢马叫》当然是河南选的重头戏，省委和文艺界对这个戏也寄予厚望。当时的省委领导却提了出来，认为既是重点，就应当重点来抓。领导建议由河南豫剧院选出几位演员和许昌豫剧团联合演出。在郑州首场试演，常香玉这位天字第一号演员却是二幕前出场，这一般是没有的。她演的吴大娘叫着鸡子上场，上来弄了个碰头彩。之后在广州参加会演，受到中南局第一书记陶铸同志接见。陶铸同志在会演结束时有个长篇讲话，对这个戏可谓大加赞扬。

为了报答党和人民的厚爱，常香玉剧社的演出一直坚持"三三三制"：三个月在农村，三个月在工矿，三个月在部队，为最基层的观众巡回演出。为了让戏"顺民心，反映时代"，常香玉和丈夫陈宪章一起，在改造传统题材的同时，创新演绎现代戏。《拷红》《白蛇传》《大祭桩》《花木兰》《破洪州》……这些传统剧目的改编，使历史与时代产生共鸣，成为常派艺术的传世之作。《朝阳沟》《李双双》《红灯记》……来源于生活，服务于人民，这些现代戏的探索，努力跟上时代前进的步伐，让常派艺术焕发出了新的光彩。

到了20世纪80年代，常香玉已经离开舞台成为剧团的管理者，但每次带队下乡到基层，面对普通的老百姓她都是有求必应，给谁都唱。

有一回在陕西一个边远县演出结束后，一位捡垃圾的老人拦住常香玉说："常老师，这么多年一直是从收音机里听您唱，想亲耳听您唱两句。"常香玉当场就停下来，为她清唱一段《红娘》。

2008年11月30日，河南省常香玉基金会在省人民会堂成立，省委、省政府及中国文联等单位致信祝贺。常香玉基金会由原副省长李志斌担任名誉理事长，政协原副主席赵江涛担任总顾问。河南省常香玉基金会由常香玉女儿常如玉任理事长。新成立的常香玉基金会将发扬常香玉热爱党、热爱祖国、热爱人民、热爱戏剧艺术的崇高精神，以常香玉"戏比天大"高度责任感，募集资金发展现代戏剧艺术，推动文化繁荣；开展扶持贫困地区教育事业等公益活动，促进社会经济和谐发展。

豫剧流派与传承

中国的戏曲在世界上是独一无二的。全世界公认的有三大戏剧体系：苏联的斯坦尼斯拉夫斯基体系，是话剧的内心体验派；德国的布莱希特派，是话剧的表现派；中国的戏剧，是以梅兰芳先生为代表的梅兰芳体系，实际就是中国的传统戏曲。中国戏曲很讲究唱、念、做、打和手、眼、身、法、步，也就是人常说的"内行看门道，外行看热闹"。要成为人们公认的大艺术家，各种功夫缺一不可。"功夫不负苦心人"，这是中国人都知道的俗话，还有一句文话叫"天道酬勤"。

豫剧，是在河南梆子的基础上，不断进行继承、改革和创新发展起来的。新中国成立后因河南简称"豫"，所以称豫剧。豫剧在安徽北部地区称梆剧，山东、江苏的部分地区仍称梆子戏。豫剧的流行区域主要在黄河、淮河流域。除河南省外，湖北、安徽、江苏、山东、河北、北京、山西、陕西、四川、甘肃、青海、新疆、台湾等省区市都有专业豫剧团的分布，是我国最大的地方剧种。

清朝乾隆年间，河南省已流行梆子戏。据当时的碑文资料记载内容，明皇宫是"当年演剧各班祈祷宴会之所，代远年湮，亦不知创自何时。于道光年间，河工决口，庙宇冲塌，片瓦无存"，可见在道光之前，梆子戏就早已存在。这些记述与艺人间的传说相符。据一些老艺人追忆，他们在1912年前后学艺时，曾听师傅说起河南的"内十处"，即祥符（今开封）、杞县、陈留（今开封）、尉氏、中牟、通许、仪封、封（今并入兰考）、封丘、阳武（今并入原阳）和"外八处"，即淮阳、西华、商水、项城、沈丘、太康、扶沟、鹿邑。据艺人相传，豫剧最早的传授者为蒋门、徐门两家，蒋门在开封南面的朱仙镇，徐门在开封东面的清河集，都曾办过科班。

辛亥革命以后，河南梆子更多地进入城市演出。当时开封较有名的茶社，如致祥茶社、普庆茶社、澄怀茶社、庆茶社、东火神庙茶社、同乐茶社等，均争相邀

常香玉演出《朝阳沟》

聘河南梆子班社，义成班、天兴班、公议班、公兴班等因而活跃一时。此后，郑州、洛阳、信阳、商丘等城市相继出现演出河南梆子的茶社、戏园。在农村，则每逢迎神赛会必演双在一些地区，所演多属河南梆子。

20年代末到30年代，河南梆子的发展进入一个新的阶段。这一时期，开封相国寺先后建立了永安、永乐、永民、同乐四个河南梆子剧场，许多著名艺人如陈素真、王润枝、马双枝、司凤英、李瑞云、常香玉、赵义庭、彭海豹等，云集于开封。1935年初，以樊粹庭为首成立了豫声戏剧学社，改永乐舞台为豫声剧院，陈素真所在

开封大相国寺

的杞县戏班和赵义庭所在的山东曹县戏班均参加了该学社。豫声戏剧学社革除了旧戏班的一些不合理制度，对表演和舞台美术等进行革新，并演出由樊粹庭创作

河南梆子常香玉剧照

的《凌云志》《义烈风》《霄壤恨》《涤耻血》《三拂袖》等剧目。抗日战争爆发后，于1938年，采"醒狮怒"之意，改学社为狮吼剧团。

豫剧的角色行当，由"生旦净丑"组成。按一般的说法是四生、四旦、四花脸。戏班组织也是按照"四生四旦四花脸，四兵四将四丫环；八个场面两箱官，外加四个杂役"。"四生"即老生、大红脸（红生）、二红脸（武生）、小生。"四旦"即正旦（青衣）、小旦（花旦、闺门旦）、老旦、帅旦；四花脸是黑头（副净）、大花脸、二花脸、三花脸（丑）。也有五生、五旦、五花脸的说法。演员一般都有自己专工行当，也有一些演员则一专多能，工一行外，兼演他行。据说，早期豫剧以"外八

角"（四生四花脸）戏为主，生行戏占重要地位。生行的大红脸和二红脸的界限很，大红脸专演关羽；二红脸专演赵匡胤、秦琼、康茂才等类角色，主要是武功戏。小生行一般有文武之分，也有的演员文武兼备，武功戏较出色。旦行在以"外八角"为主时代，只占次要地位，但随女演员的登台与逐渐增多，在豫剧中取得了主导地位。

大净主要以唱功取胜，三花脸除表演诙谐风趣外，武功戏也有"盘绳""吊水桶""空中还原""探海""元宝顶""大翻身"等不少绝招。各行当都有自己的表演要诀，如手势要诀是"花脸过项，红脸齐眉，小生齐唇，小旦齐胸"，武打戏的短打要诀是"身如蛇形眼似电，拳如流星，腿似钻；稳如重舟急似箭，猛、勇、急、快、坐、站稳如山"，在枪路上，有"走丝""连九枪""十三枪""九个鼻""八杆""单倒"等路数。青衣中闺门旦的表演要诀是"上场伸手似捧鹅，回手水袖搭手脖；飘飘下拜如抱子，跪下不能露脚脖"，"说话不看人，走路不踢裙，男女不挽手，坐下

常香玉与弟子合影

看衣襟"。彩旦的表演要诀是"斜眼偷看人，说话咬嘴唇；一扭浑身动，走路捽汗巾"。小旦的出场式是"出门按鬓角，双手掖领窝，弯腰提绣鞋，再整衣裳角"。小生的表演要诀是"清、净、冲"。"清"是清秀，唱词吐字清，神态秀气；"净"是动作干净利落，恰到好处；"冲"是武打勇猛，精神振奋。

豫剧《常香玉》

豫剧一向以唱见长，在剧情的节骨眼上都安排有大板唱腔，唱腔流畅、节奏鲜明、极具口语化，一般吐字清晰、行腔酣畅、易为听众听清，显示出特有的艺术魅力。豫剧的风格首先是富有激情奔放的阳刚之气，善于表演大气磅礴的大场面戏，具有强大的情感力度；其次是地方特色浓郁，质朴通俗、本色自然，紧贴老百姓的生活；再次是节奏鲜明强烈，矛盾冲突尖锐，故事情节有头有尾，人物性格大棱大角。

早期豫剧表演的舞台装置极为简单，往往只用芦席、箔子一挡，台上一桌二椅，即可开演。打小锣、敲梆子的人员兼"检场"。进入城市后，有较固定的剧场，舞台装置才有所改进。豫声剧院已采用一些布幕、布景，且

角服饰讲究"老旦清，正旦俊，花旦风流"。此后又受京剧服饰的影响，已基本与京剧服饰相同。

豫剧传统具有浓厚的河南地方特色，在长期的艺术实践中，不断革新，创作由粗到细，粗中有细；由俗到雅，雅俗共赏，表演艺术日臻完美。同时，各行当也涌现了一大批艺术上有成就的演员。

豫剧的音乐属于梆子声腔系统，是板腔体式。据清朝李绿园于乾隆四十二年（1777年）成书的《歧路灯》和乾隆五十三年（1788年）《杞县志》所记载，当时本地梆子戏已在开封、杞县一带盛行，并曾与罗戏、卷戏合班演出，又被称为"梆罗卷"。

豫剧在其发展过程中，由于受到各地语音和民间音乐等因素的影响，在音乐上形成了带有区域性的不同风格的艺术流派。即以开封为中心的"祥符调"；以商丘为中心的"豫东调"；以洛阳为中心的"豫西调"（又称"西府调"）；形成于豫南沙河一带的"沙河调"。其中"祥符调""沙河调"，从唱腔的板式结构、调式、

常香玉剧照

豫剧《常香玉》

旋律、节奏、句法组成和语音等方面看，都和"豫东调"比较近似，故统称"豫东调"。因此今豫剧唱腔音乐，一般分为"豫东调"与"豫西调"各自具有显著特色流派。"豫东调"唱腔主音为"5"，以中州音韵和商丘、开封的语音为基础，在传统演唱中多用假嗓（二本腔），声音高细，花腔较多，具有激昂、豪放、明朗、花哨的特点，"豫西调"唱腔主音为"1"，以中州音韵和洛阳语音为基础，在传统演唱中多用真嗓（大本腔），声大腔圆，寒韵（哭腔）较多，具粗犷、浑厚、悲壮、深沉的特点。这两大腔系在豫剧早期发展过程中，是"各吹各的号，各唱

各的调"。

20世纪30年代开始有了交流。新中国成立后,清除"门户之见",相互交流,相互学习,取长补短,融会贯通。以上是过去按其流布的不同地区,有豫东调、祥符调、沙河调、豫西调的传统分类;另外也有按其唱腔音乐在演唱音区的不同,而将前面三类统归豫东调,俗称"上五音"。与这些相对应的是演唱的音区较低的豫西调,俗称"下五音"。

修缮后的常香玉故居四孔窑洞分为堂窑、诞生窑和磨道窑。故居内根据豫西农家院落生活起居的原貌进行布展。

常香玉的继承与创新

　　河南豫剧，原称河南梆子。前面已经谈到，河南梆子又分为"豫西梆子""祥符梆子""豫东梆子""南阳梆子"……各路梆子划地为界，基本上各不来往。常香玉的"豫西梆子"在"祥符调"的老家开封打开了局面，并受到观众好评，为豫剧门派的融合与交流开了一个好头。

　　常香玉在唱腔中吸取了"祥符调""豫东调"的长处，有所改革，决不墨守成规、画地为牢。成立了中州戏曲研究社后，常香玉不但研究自己的长处和短处，更要研究各路梆子的长处和短处，取彼之长补己之短，创造新腔才优美动听。现在的河南梆子，被公认为是豫剧，常香玉的改革之举应该说作出了重大贡献！

　　常香玉对各种新事物的接受，随着她年龄的增长，可说是大大开窍了。她在开封看了京剧的《泗州城》，对

这出武功的重头戏羡慕不已。但这出戏里的许多武功套路，梆子戏是来不了的。她向父亲张福仙说了这件事情，更说了非常想学的急切心情。俗话说：柴梆子，淫锣戏，论看还是二簧戏。张福仙很理解女儿的心情，于是摆酒设宴，请各位师傅来教教京剧的绝招，改改梆子的柴气（柴气就是粗糙）。京戏演员为他们父女的诚心所感动，非常高兴地传授了《泗州城》中各种武功的套路。

很快，常香玉在开封上演了梆子戏的《泗州城》。戏中武功很重，绝招很多，这在许多梆子戏的女演员中是极少见的。当时的女演员，多以文戏为主，以唱为重。

常香玉故居——河南巩县

常香玉的武功不说是独一无二，但说"不多见"是不为过的。

当年的陈素真比常香玉大几岁，以文戏为主，又有樊粹庭这位河大毕业生从河南教育厅弃官从艺给她写本子，如《女贞花》《涤耻血》《霄壤恨》《凌云志》等颇有影响。王镇南、史书明、张丙运等，则给常香玉编写了《西厢记》《秦雪梅吊孝》《孟姜女哭长城》《蓝桥会》等剧本。常香玉又从京戏中学会《泗州城》，显示出她独有的武功功底。这个时期，梆子戏在开封可以说活跃异常。

常香玉，学习祥符调和豫东调的长处，更从河南曲剧中吸取营养，从河北梆子中吸取某些旋律，从京剧的武功里学了不少套路。常香玉会唱京剧，这是鲜为人知的，《霸王别姬》中的一些唱段以及京戏的须生戏也都唱得很有味。她新中国成立前唱的《风仪亭》中的剑舞，伴着《夜沉沉》的曲调，就是从京剧中学来的。

常香玉的表演特色不仅在于嗓音宽厚洪亮、武打利落，在调和豫剧唱腔方面曾经致力兼并豫西调与豫东调的特点。常香玉在演出中逐渐融合豫东、祥符各派，并吸收曲剧、坠子、山西梆子、河北梆子、京剧等一些唱腔，革新了她原有的唱法，另创新腔，开豫剧唱腔改革之先河。其表演刚健清新，细腻大方，人物性格鲜明，

形成了享誉海内外的常派艺术。

"常派"唱腔大气磅礴、淋漓酣畅，韵味醇厚，格调新颖，绘声绘色，字正腔圆，运气酣畅，韵味淳厚，格调新颖，以声绘情、以情带声，多彩多姿，雅俗共赏，表演刚健清新、细腻大方，内涵深邃，性格鲜明，在表达人物内在的思想感情上，细致入微，一人一貌，栩栩如生。代表作有《花木兰》《拷红》《断桥》《大祭桩》《人欢马叫》《红灯记》等。"常派"成为豫剧中的一支主要流派，常香玉被誉为"豫剧皇后"。

1948年，常香玉在西安招收了一批少年儿童，成立了"西安私立常香玉剧校"，次年迁至兰州。剧校教学和

常香玉与弟子

演出相结合。当时豫剧名演员为适应演出需要，又聘请了一些豫剧演员，将"常香玉剧校"改名为"常香玉剧社"。1950年8月剧社又迁回西安。

1952年，常香玉剧社由民营改为民办公助，仍用原名。常香玉仍为社长。西北剧协秘书长陈若飞兼副社长，陈宪章、赵义庭任副社长，剧协干部王景中到该社任编剧。下设社委会、组教组、学生队。主要演员有：常香玉、赵义庭、李兰菊、马兰香、马大德、赵锡铭、郭兰生、师惠君等。常演剧目有：《花木兰》《拷红》《白蛇传》《柳化蝉》《梁山伯与祝英台》《邵巧云》《铡美案》《南阳关》《志愿军未婚妻》等。

1952年的冬季，北京举行全国戏剧会演。在此之前，先由各大区举行会演选出剧目，再由大区文化主管部门选出剧目向首都推出。"常香玉剧社"在北京会演的剧目是《花木兰》，她是从西北被推荐进京的。会演结束后，评选出六位获全国优秀奖。这荣誉是很高的。在六位入选者中，京戏四人为梅兰芳、程砚秋、周信芳和盖叫天，地方戏二人为常香玉和袁雪芬。在此期间，毛主席曾为会演活动题词："百花齐放，百家争鸣。"为文艺和科学事业的发展制定了基本方针。

这次会演所给予常香玉的最高荣誉奖，既是对她前

半生艺术活动的总结，更是河南豫剧界的极大光荣。从此，常香玉无可争议地成为豫剧界的领军人物。

常香玉成了红遍中国的戏剧演员，这也在一定意义上推动了豫剧这一地方剧种的普及和发展。

1955年夏，河南豫剧院成立。应河南省委、省政府之邀，经河南与陕西协商同意，常香玉以及她的"常香玉剧社"老班底自西安返回郑州。全社迁回豫剧故乡河南。她带回的剧社成员为豫剧院一团；原来在开封、郑州的娃娃剧团为豫剧院二团；以演现代剧著称的歌剧团改为豫剧院三团。常香玉任豫剧院院长兼一团团长。

50年代的北京

"文化大革命"以后，常香玉担任数年河南省戏曲学校的校长。学生无论练功、学戏或者唱腔，可以说受她这位校长的影响既深且远。常香玉对于学生不但要求严格，而且以身作则，亲自教学。经她手培养的人才，可以说遍

50年代的北京

布很广，出现了群星璀璨的局面。这里举几个例子。

著名歌唱家李娜，她的原籍是河南项城，当年她母亲在郑州当工人。李娜考入河南省戏曲学校时，正是常香玉在那里当校长。李娜天生音质很美，加之勤学苦练，后来被北京的歌唱界发现，就把她从河南给要走。果然不出所料，她在前一些年成了红极一时的歌唱家。她因为音质的天赋，加上深厚的豫剧功底，使她唱歌的路子变得极宽。由她唱的一曲《嫂子颂》，唱腔稳重深沉，浑厚动听。电视剧《唐明皇》那一曲"马尾坡下草青青……"，据说开始找了几位唱家试唱，导演和剧组都不满

小香玉成为常香玉的亲传弟子

意，甚至要求作曲家重新谱曲，但作曲家坚持不改。最后，他们请来了有戏曲功底的李娜。李娜一唱，充满哀怨凄楚之韵的声腔，使听唱者一个个拍案叫绝。《唐明皇》的这一曲幕后曲，不能不说是李娜的一绝，而这一绝则来自戏曲功夫。电视剧《常香玉》的片头、片尾曲"你家在哪里？我家邙山头……""你家在哪里？我家黄河边……"这两段曲子是对常香玉的品质及其来自人民、同情人民、为人民而歌唱精神的颂扬。曲子是朱超伦先生谱的，这两支曲子在旋律上充满豫剧情味。而李娜又是常香玉的学生，对她的这位老校长充满了深情和厚爱。

这两支曲子李娜唱得豫剧味很浓，而且感情也饱满，有些地方更隐含着常香玉的唱法。还有李娜的那一曲"小和尚下山去化斋，老和尚有交代。山下的女人是老虎，遇见了千万要躲开……"这首歌也充满河南民间小调的情味。总之，李娜的成功，可以说是民族艺术的成功。她也曾经到西藏去采访，唱充满西藏情味的歌曲，她的声音高亢悠扬，如果没有戏曲功夫的底蕴，是很难达到那个境界的。

郑州市豫剧团的虎美玲，也是常香玉的学生。她不但唱腔动听，而且扮相很美。周口的党玉倩，形体清秀，

常香玉与小女儿常如玉

唱腔优美，她在《大祭桩》中"打路"一折那一板唱，就是"不顾丑，不顾羞，不顾风吹雨打冷飕飕，我背着爹娘下绣楼……"十分动听。可以说是豫剧的一段名唱。

小香玉，原名陈百玲，"常香玉"的孙女，国家一级演员，青年表演艺术家，全国戏剧家协会理事，全国青联委员，山西省政协委员，享受国务院颁发优秀专家政府特殊津贴。1976年考入郑州市戏曲学校，1980年毕业后分配到郑州市豫剧团。1985年考入河南大学艺术系，1987年毕业任河南省豫剧团团长。代表作有《白蛇传》《五女拜寿》《花木兰》等优秀作品。创办"小香玉希望艺术学校"培养豫剧人才。作为演员，曾经拍摄过的电影有《鸡犬不宁》（2006年）、《鸳鸯戏水》（1988年）、《田桂香》等。

1988年荣获全国豫剧大赛"香玉杯艺术奖"第一名。1988年荣获全国电视大奖赛青年组最佳演员奖第一名。1992年荣获全国戏曲"梅花奖"。1993年7月荣获山西省首届"十大杰出青年"称号。小香玉主演的电视连续剧《常香玉》荣获"五个一工程"奖。1998年被评为"全国十大杰出青年"。2000年获全国"希望工程贡献奖"。2000年在国际奖中荣获第二届"中国内藤国际育儿奖"，在此奖项中为最年轻的获奖者。

1995年，小香玉毅然离开奶奶"常香玉"的"怀抱"，离开河南这个诞生豫剧艺术的故乡，来到了山西，她把传统豫剧的芬芳播向三晋大地；她用自己的演出收入创办了全国第一所专门培养有艺术天赋的"山里娃"和农村孤儿的艺术学校——"小香玉希望艺术学校"，为他们提供一个免费学习艺术的殿堂。学员分别来自山西、陕西、河南、湖南、安徽等地，校址设在著名的风景旅游胜地太原晋祠一侧的晋源镇。从这里，山里娃走上舞台，走上电视，走上荧幕，走向了北京……

小香玉艺术学校成立8年来成绩也是不小的。第一次上电视是在1996年中央电视台"春兰杯"我最喜欢的春节颁奖晚会上演出《大喜临门》，随后在浙江电视台、上海电视台、山东电视台、陕西电视台、江西电视台、

中央电视台1998年正月十五晚会、中央电视台1997、1998春节联欢晚会，四次荣获"春兰杯""伊利杯"的三个三等奖和一个一等奖，创下了一个单位在春节晚会上夺得两项大奖的纪录。2001年春节联欢晚会该校学生表演的《过年我当家》，打破了18年来春节晚会的节目样式，并荣获二等奖。在电影《背起爸爸上学》中饰演男一号的男孩子赵强就是来自"小香玉艺术学校"。

1987年12月，常香玉自筹资金22万元人民币设立香玉杯艺术奖，以奖励河南地方戏曲的优秀人才。

常香玉到底有多少学生，恐怕是谁也说不清。就全国来讲，所有专业豫剧团被大家所承认的，多以常香玉

常香玉与小香玉

常香玉母女

为宗师。多数坤角的唱腔，都是以常香玉的唱法为本。至于业余好唱几板的，还有那些热爱戏剧的票友们，绝大多数也都是学的常香玉同志的唱法。她们一开腔就是"花木兰羞答答……""刘大哥讲话理太偏……""在绣楼我奉了小姐言命……"至于专业豫剧团，从河南到山东，还有陕西、山西、河北、湖北、甘肃、安徽……恐怕约有数百个，她们也多以常香玉的唱法为宗师。河南流落到陕西的人很多，今天豫剧一进西安就特别受欢迎。一板好唱下来，观众立马会狂热鼓掌。就是在乌鲁木齐，也经常听到豫剧的播音。豫剧的大发展，一代宗师常香玉可以说功德无量！

常香玉创立的豫剧"常派"艺术，博采众长，自成一家，从内到外散发着中原文化艺术的独特个性，展现出独具一格的美学神韵。"常派"艺术，是豫剧界一枝独秀。

常香玉出身贫寒，一生历经风霜雪雨，与苦难深重的中原民众血肉相连；即便是在戏剧上已经作出很大成就，她仍然忧国忧民，奉献不止，而自己独守清贫，朴实无华。朴实的常香玉有着朴实的艺术追求，"常派"艺术从剧本的选材立意到人物的形象塑造，都以质朴无华为本。如代表剧目《拷红》，地位卑下而机敏活泼的红娘代替身份高贵、温文尔雅的相府千金崔莺莺成为主角，这就在身份地位、思想感情上贴近了下层民众，呈现出通俗化的美学神韵。红娘虽然是地位卑下的丫鬟，却充满正义感和斗争精神，为了成全崔莺莺与张生的爱情，她面对老夫人的淫威有胆有识、不卑不亢、斗智斗勇、转守为攻，终于取得胜利，红娘的机智幽默、倔强泼辣的性格充满平民意识，而常香玉简洁朴拙、不事雕凿的表演又带有几分土味、野味，拉近了与普通大众的距离。

常派剧目中的女性人物，大都有着质朴的情怀。《白蛇传·断桥》中白素贞向许仙倾吐肺腑衷肠的这段唱："一愁你出门去遭贼毒手，二愁咱夫妻情恩爱难丢，三愁你茶和饭未必可口，四愁你衣服烂无人补　　修……奴官人拍胸膛你想想前后，谁的是、谁的非天在上头！"这段亦爱亦恨、亦怜亦嗔、不说难耐、欲诉还休的唱段，以一种朴实无华的常情常理诉说夫妻间的真挚情感，让人切实感受到一种浓郁的中原泥土气息和乡野通俗之美。这段演唱运用的是稳健大方、朴实平整的慢二八板，整段唱腔平实浑厚，字正腔圆，有起有伏，句句铿锵，把中原女性朴拙、厚道、善良、刚直的情感个性演绎得淋漓尽致，末句的翻高重音重叠把这种感情推向高潮。

常香玉小时候经常在这口老井边练习

　　常香玉塑造的花木兰更是一个质朴无华、通俗得让全国观众都熟悉的戏剧人物。常派的《花木兰》并不刻意表现英雄的激昂慷慨，大杀大砍，而是重在表现她朴素的成长历程，表现父女、母女、姐妹情深，表现她先国后家的爱国情深，以质朴的手法表现一个质朴的英雄。半个多世纪以来，《花木兰》的唱段响彻大江南北、长城内外，感染、影响了几代人。豫剧《花木兰》从内容到形式折射出来的"通俗美"，将使它魅力永存。

　　戏剧没有激情很难打动观众。常香玉的一生是充满昂扬激情的一生：从幼年时不屈从于命运而决定学戏，到从艺过程中不惜以生命同权势抗争，再到勇于冲破世俗观念的革新精神等等，以巾帼不让须眉的昂扬激情，奉行"戏比天大"的人生信念，在豫剧艺术这块土地上辛苦耕耘。她塑造的戏剧人物红娘、白素贞、花木兰、黄桂英、佘太君等，其敢于斗争一往无前的果敢精神，坚持正义的倔犟性格，高尚的爱国情怀，都融入了常香玉的生命体验。常香玉饰演这些人物形象无不情绪激越、感情充沛，以饱满的感情感染观众，焕发着热烈奔放的阳刚之气。《大祭桩》中当黄桂英面对丫环春红被杀害，未婚夫遭诬陷，父亲黄璋施高压，愤怒、焦急、哀痛、绝望："俺今死，死不明，李郎怪俺负誓盟。""俺今死，死不明，李郎怎知我心情……"在迂回于生死间的情感"障碍"中黄桂英勃发出了慷慨的激情："黄桂英我的主意定，拼上命也要上苏州城！"这是弱女子以整个身心发出的呐喊，整个大拖腔气贯首尾，慷慨激越，观众听了为之振奋。祭桩途中，面对暴风雨的阻拦，婆母的误解责打，黄桂英的情感宛如峡谷河流，一波三折，一咏三叹，如泣如诉叙述事情根由，特别是末句唱腔"来来来，我的婆母呀，你或是打，或是骂，你就用拐杖来抽！"这诚恳的哀求唱得恳切，唱得深情，深深打动了观众。这里，柔弱与刚强、委屈与大度、柔情与忠贞反复撞击产生一种强烈的情感震撼。

常香玉以质朴的人生追求和燃烧的激情，锻铸了常

常香玉在西安和小香玉

派艺术的通俗美、阳刚美，同时，也以开放、进取的精神酿造出常派艺术的丰富美。常派艺术具有"兼容""变革"的品格，呈现的是一种开放的态势，进取的精神。20世纪三四十年代，常香玉打破成规，突破门户之见，对豫剧旦行唱腔大胆革新，将豫西调深沉、浑厚、悲壮、缠绵的风格与豫东调高亢、奔放、挺拔、激越的特色相交融，不仅把豫剧旦行唱腔推上一个新阶段，而且开创三四十年代豫西调和豫东调两大声腔合流的新局面。正是常派艺术这种与时俱进的改革精神和容纳百川的兼容精神，才使她的演唱方法和表现手段丰富多彩、变化万千，使"常派"唱腔呈现出一种丰富、兼容之美。

文化部为了表彰常香玉在艺术上的杰出成就，曾于1952年为她和梅兰芳、周信芳等7位表演艺术家颁发了荣誉奖。1995年，常香玉被全国总工会命名为劳动模范，同年被中国文联命名为优秀文艺工作者。

"常香玉号" 战斗机

　　1950年冬季，朝鲜战争爆发，以美国为首的军队，很快打到了鸭绿江边。以毛泽东为首的党中央适时作出决策，派中国人民志愿军跨过鸭绿江，迅速把美国军队从朝鲜赶过了"三八"线。

　　当时，中国人民经过8年的抗日战争，又经过3年的国内解放战争，国家的贫穷、人民的困苦是可想而知的。而和以美国为首的帝国主义打的这场战争，又是一场现代化的战争。战争就是需要以大量的金钱作后盾。这场战争必须打赢，更需要全国人民团结一心，一致对敌。于是，新建的共和国就在全国发起了募捐运动。全国人民明白：中国人民解放军入朝参战，就是保护我们这个刚刚建立起来的民主政权。全国各阶层募捐钱物，用以购买枪炮武器，就是为了保家卫国。如果让美国兵从东北打进中国来，加上蒋介石的反攻，一场深重的民族灾

难又将落在中国人民的头上。

因为毛主席和共产党在人民群众中的威望极高，刚刚得到翻身解放的工人、农民、工商界人士的积极性特别高！因此，全国的捐献活动如火如荼。国外的爱国华侨，也都纷纷把银钱寄向国内来。人们对共产党的热爱、对人民政府的拥护，就是抗美援朝这场战争必然胜利的根本原因。

出身贫苦的常香玉，在她的从艺生涯中，多年以来都是在苦难中度过的。解放了，她才真正过上了舒心的日子。在全国都在捐献的热潮中，她曾经多天长夜不眠，下决心要用演出收入来捐献一架战斗机，以实际行动表明她热爱共产党、热爱新中国的热切心情。于是，她向中共中央西北局写了一份报告，表明自己的爱国热情。要用自己的义演收入购买一架战斗机，捐献给志愿军。当时，购买一架苏制米格15型战斗机的价格是旧币15亿元。这个数字对于常香玉小小的民营剧社，简直是个天文数字。当年担任中共西北局书记的习仲勋知道了这件事，充分肯定了常香玉的爱国热情，指示西北文化部派几名干部协助常香玉开展捐献演出。

有人问，常香玉要捐飞机，演职人员饿肚子怎么办？常香玉听了，当即卖掉一部卡车和自己所有的金银首饰，并拿出多年的积蓄，设立了捐献义演基金，主要用于发放演职人员的工资。她在剧社全体人员动员会上说："捐献义演期间，我和丈夫陈宪章不拿工资，但坚决保证大家的正常生活，每个演职员的工资一分不少，发放时间也一天不拖欠。"会上，大家感动得直掉泪，表示一定要跟着常香玉把买飞机的钱攒够，半年时间不够，一年两年都行！

捐献义演要去好几个省市。常香玉夫妻俩狠狠心，把最大的只有6岁、最小的只有3岁的3个孩子全部送进了西安市敬业幼儿园。带队踏上了义演之路。

西北局的领导收到常香玉的报告后，在书记习仲勋

中国航空博物馆内的香玉剧社号

同志的主持下，组织由宣传部、文化部及西北文联等有关方面领导参加的座谈会研究了这件事情。当时，首先由西北文联主席马健翎全面介绍了常香玉的情况。他说：常香玉这个人出身很苦，在巩县可以说是个赤贫农。为免遭送童养媳的命运，父亲把她领出家来，在密县一带学艺，吃尽了苦头。习仲勋同志用心听着并做着笔记，宣传部和文化部的领导又做了些补充。习仲勋很高兴，在众人发言之后总结说：看来，常香玉是来自人民并深知人民之苦的。人民有恩于她，她用义演来给灾民募集衣食，是一种朴素的阶级感情，也是一种爱国行为。她在新中国成立前同情人民的苦难遭遇，到新中国成立后又热爱共产党、热爱新中国，这在逻辑上来讲更是必然

常香玉号

的。因此，我们要重视她的爱国行为。她要用义演来捐献一架战斗机，我们要支持她。事情如果成功，这在西北、在全国可以说树立了一个好的榜样。习仲勋同志又说：这件事情，他要向党中央和毛主席汇报，争取党中央领导人的支持。在这次会议之后，西北局宣传部马上通知常香玉，要她把剧团整顿好，并做好动员工作，准备募捐演出。这架战斗机按当时的币值是15亿人民币。常香玉下定决心，并做好了艰苦奋斗的思想准备。

就"常香玉剧社"的组成人员来说，一个个出身贫寒，苦大仇深。在剧社组织的"义演"动员会上，大家说起自己的身世，无不痛哭失声。有人拍着胸膛说："美国鬼子不甘心失败，想让旧社会卷土重来，让我们重吃二遍苦、重受二茬罪，这个坚决办不到！"有人说："我家分了房子，分了地，我父母如今住在老地主的堂屋里，再要让我搬出来，这能行吗？"有的人更说："咱在旧社会是下九流，谁想屙咱头上就屙咱头上，今天咱也变成人了，和工人、农民肩膀一般高当家做主啦！再叫咱过那种不是人过的日子，咱决不能同意！"动员会开得热火朝天，众人纷纷表态：所有演出收入除众人吃饭外，一律捐给国家。就是把八股纤绳拉断，也要把这架飞机买回来，送到朝鲜战场去，教训美国鬼子，让美国兵知道，翻了身的穷艺人也不是好惹的。

　　当时，"常香玉剧社"还是个民营剧团。剧团有一部大卡车，是他们流动演出时拉衣箱的。为了义演，常香玉把它卖啦，把所有首饰也全部卖光，以用作演出基金。因为一出发，就得买火车票。当时，常香玉同志还带头订了一条规矩：家属一律留在西安，人人轻装上阵。因此，常香玉的父母和3个儿女也都留了下来。

　　1951年初冬，西北的文艺界给"常香玉剧社"召开了欢送大会。演出的第一站，就是河南的省会开封，河南的文艺界也举行了欢迎会。

　　就在这个关键时候，《人民日报》发表了一篇文章，题目叫《爱国艺人常香玉》，还配发了常香玉同志的照片。文章虽然只有千余字，但字字重如九鼎。当时的《人民日报》在全国人的心目中，是代表党中央说话的，有着至高无上的威望。在河南省会开封的演出，可以说盛况空前。省长吴芝圃亲自接见，设宴招待常香玉同志，演出事宜由吴省长亲自过问。

　　演出还是过去的老习惯：每场3个多小时，前面有垫戏，有中轴戏，压大轴的是常香玉。她经常演出的是《红娘》《白蛇传》和《花木兰》。《花木兰》这出戏原是从马少坡先生写的京戏《木兰从军》，由陈宪章执笔改编成豫剧的，在西安出发前才排演出来，目的是激励士气。此后，人们常说的《红》《白》《花》三出戏，就成了常香玉久演不衰的经典剧目。当时在开封演出，不少乡下农民背着粮食去看戏。他们说背的翻身粮，看的是爱国戏。

演出的第二站是新乡。当年新乡是平原省的省会，省委书记是潘复生。演出的一切事宜由潘书记过问，保证了"常香玉剧社"的演出成功，收入极为可观。

演出的第三站是武汉。武汉是中共中央中南局所在地。中南局书记邓子恢同志，对常香玉演出时做出种种安排，要保证他们吃得好、睡得好、演出成功。对于"常香玉剧社"的演出，各级领导给予如此的重视，这可以说是亘古未有的事。当时有钱的民族资本家，更是用高出几倍、几十倍的价钱买票，目的也是为了爱国。当然也免不了有些人发生动摇，觉得捐献一架飞机实在太难，就暗暗劝说常香玉，改为捐献一辆坦克或几门大炮。常香玉当即拒绝，说："咱向西北局写了报告，做了保证，见难就退咱就是逃兵，咋向党中央交代？咋向全国人民交代？"个别演员甚至卷包要走，也被常香玉同志苦口劝阻了。

剧社到广州去演出，华南分局书记兼广东省省长叶剑英同志，当晚不但看了戏，而且到后台接见了全体演职员，又说又笑，非常和气。常香玉拿出一本纪念册要他题字，他掂笔给题下"爱国艺人"四个大字，而且署

常香玉号

了名。在谈话中，他说："你们剧社演出的这个院子太
小，要很快给安排到中山纪念堂去演出。那里院子大，
一场就是一万多人的观众，收入好了，一场就是五六千
万。"有一位从南洋来的华侨名叫林会卿，不满40岁。
他要求见一见常香玉，常香玉热情地接待了他。他拉着
常香玉的手说："我们华侨在国外也过得很苦啊！因为我
们的祖国多年来受人欺侮，我们在海外也没有地位。这
次我回国看看，全国上下，万众一心，真叫人高兴。可
惜我带的钱花完啦，我的珍贵的东西就剩下这块金壳手
表了，就送给你吧！"常香玉在道谢之后，收下这块金壳
手表并且立即交给陈宪章，要他到剧场门口去拍卖。这

块手表立即有人买下了，出价是60万元，但买后又交给陈宪章，说是他捐献的。接着第二个人又买，出价100万，买后又捐献了。于是，许多人买了又捐，捐了又买，反复多次，价钱已升到千万元。

剧社在广东演出的收入相当可观，回头他们又折到长沙演出。演了一段，算一算收入，已经是15亿挂零啦！1952年2月，常香玉带领全社演职员胜利返回西安。经过半年的巡回义演，常香玉和常香玉剧社终于实现了为志愿军捐献一架飞机的愿望，这架米格15战机被命名为"常香玉剧社号"。历经半年，完成捐献一架"常香玉剧社号"战斗机的任务，受到中国人民抗美援朝总会和西北文化部的表彰和嘉奖。常香玉因之获"爱国艺人"的美誉。

募捐义演

　　始终伴随着常香玉演艺生涯的事，那就是义演。常香玉一生为灾民筹粮，为小学、中学集资，到底有过多少次义演，恐怕谁也无法说清。

　　1941年至1942年特大旱，据当时仅有的少数雨量站资料记录，年雨量较常年偏少4至6成。1942年，受灾百余县，灾民过千万，仅郑州一地，灾民每天饥死者达百人以上。1942年夏末，河南逃往陕西的灾民越来越多。常香玉的戏班子到宝鸡去给灾民义演，按照宝鸡河南同乡会的要求，前几场的演出算作义演，收入交给同乡会。由他们买成米，做成粥，每天在粥棚里分发给河南灾民。

　　常香玉这次应邀到宝鸡演出，还有个任务就是给宝鸡同乡会办的中州小学募集基金。常香玉曾为西安西北中学的建立募捐过基金，这次给宝鸡的中州小学募集建校基金她当然也乐意。要说她当时有多高的觉悟还谈不上，但对人民群众朴素的报恩思想她是有的。

　　宝鸡那里当时也有个梆子班，很不景气，演出上座率很低。这个戏班有一位女主演，长得很体面，唱腔也不错，只因为吸食鸦片变得面黄肌瘦，声音沙哑，戏剧的青春被自己给糟蹋了。但她一听说常香玉要来义演，加之当年宝鸡县只有一个席棚戏院，同乡会就动员这位女演员和常香玉的"易俗剧社"合并演出。这位女演员心里很不服，放出谣言说："常香玉在洛阳关林，治了很长时间的病，身子也歪了，嗓子也塌啦，一开腔观众就笑。"但据同乡会的了解，和这位女演员说的完全不同。于是，常香玉的剧社被邀请来后，只好合并演出。这位

常香玉和志愿军空军英雄的合影

女演员又跟同乡会讲："合并可以，得轮流压轴。"同乡会也答应了。可是，一到常香玉压轴，观众就爆满；一轮到这位女演员压轴，只能上半院子座。这位女演员心里仍然不服气。

为了避免伤了同行的和气。剧社要求离开宝鸡，同乡会的李会长则说："目前，逃来的灾民很多，天又冷了，形势十分严峻。你们千万别走！"同乡会得给灾民们想法弄点饭吃，中州小学也要办。剧社就以大局为重吧！常香玉继续坚持在宝鸡演出。

常香玉的戏班在宝鸡又演出了一段时间，这才返回了西安。到了1942年年底，宝鸡灾民的情况更吃紧了。同乡会的李会长领着几个人到西安，再次邀请常香玉到宝鸡为那里的灾民义演。当时，剧社正在商量演员的去留问题。张福仙把李会长的来意跟大家一说，常香玉带了个头，说："都是河南老乡逃荒在外。同乡会既然来邀咱，咱就得为河南的父老乡亲尽这份孝心！我先报名，我去！"常香玉一带头，班子里的演员们也多是河南人，纷纷表示愿意去。

常香玉等一班演职人员，二次到宝鸡为灾民义演。

1942年的冬天，对于河南西逃的灾民来说，是一个难熬的冬天。在宝鸡的土崖子上、渭河边上，挖的洞穴一个连着一个，那就是灾民们用以遮风挡寒的地方。

常香玉到宝鸡时已是严寒的冬天，天空彤云密布，街上的流民一个个瑟瑟打战。头场开锣戏唱的是《秦香莲》，常香玉饰演秦香莲。《秦香莲》是一出大戏，从陈世美进京赶考开始，到包公铡陈世美结束，足足能演四个小时，当时叫整策戏。在开戏之前，戏院里陆续进入不少人。有的掂个小包裹，有的用小单子包着一床被窝；送棉衣的，送被子的，送单衣服、夹衣服的，鱼贯进入了戏院。同乡会里的人，包括李会长和陈宪章，在戏院入口处连忙接着，鞠躬致谢："河南遭了灾，让众位破费了。""我们河南人多谢啦！"所收到的衣服、被褥都放在戏台前面的地上，一溜儿摆开。因为不断有人来送，也就越摞越高。也有送银钱的，同乡会就派人收着，在账

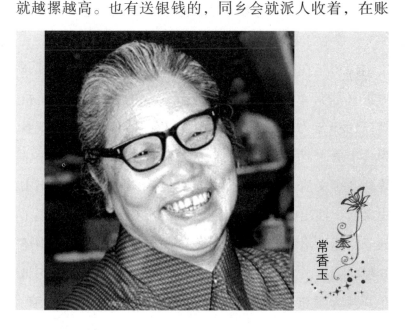

常香玉

上——登记。

因为河南遭了大灾，逃难到宝鸡的很多，别管河南和陕西，大家都是同根同族，人们的同情心是很强烈的。更何况大片国土沦丧在日本侵略军手里，民族的危亡感激发了人民的爱国心，救助饥民也自然属于爱国行为。加之常香玉又是为灾民义演，所以观众很多，乐善好施者不乏其人，观众席里坐满了人。站票卖完，在走道里又加了许多座位。

给灾民募捐义演已有了些日子，所得来的演出收入以及衣被物资，都由同乡会负责支配，用以救济灾民。

常香玉家乡的一条河，经常泛滥，当时的国民党政府不闻不问。1940年她在洛阳连场义演，修起了一座石坝——常香玉坝。

1930年在许昌为《许都日报》义演；1938年在郑州为抗日部队义演；同年在开封义演《打土地》，宣传抗日；1939年为西安市西北中学义演；1940年8月在陕县为《千唐志斋》落成义演；1942年在宝鸡市为中州小学筹募基金义演；同年腊月受宝鸡同乡会之邀，为河南灾民义演，演出收入不仅救济了流落宝鸡的难民，还买了麸子，运回洛阳、巩县，分发给家乡灾民；同年，她还专程回巩县，为修筑洛河河坝举行义演；1947年2月8日在开封为梁苑女中义演；同年又为西安妇女协会义演；

为中共地下党组织的研究月刊社义演。

对于常香玉个人生活来说，金钱似乎是可有可无的东西。工资定级时，她可以拿到800元钱一个月，文艺界她第一个站出来，主动要求减薪。1959年5月4日，在邓小平同志的亲切关怀下，常香玉光荣加入了中国共产党。"文化大革命"平反后，她将补发的1万多元工资全部交了党费。

即使到了20世纪90年代，常香玉已过花甲之年，但她热衷公益事业的心也丝毫未减。

只要是为人民而演，哪怕是病入膏肓，她都要拖着病躯赶去。1998年初，为唤起社会各界对下岗职工的关爱，75岁高龄的她偕家人和弟子在河南人民剧院登台义演，所得的6万多元的票房收入全部捐给了"河南省送温暖工程基金会"。

2003年5月29日，正是非典肆虐的时候，常香玉来到《大河报》报社，用她那曾敲过张生的房门、舞过白素贞的宝剑、握过花木兰的长枪的艺术家之手，郑重地将1万元人民币递到报社总编辑手中，请报社代她转赠到抗击非典的一线，和她同时捐款的还有她的3个女儿。她说："国家的难，就是自己的难，每个人都应该为抗击非典、消灭非典做点事儿。《大河报》是我喜欢和信任的一份报纸，我想把我对抗非典战士的尊敬和关注通过大河报表达给他们。"一位评论家说，这不是普通的1万元啊。这是一位老人节衣缩食攒下的辛苦钱和血汗钱。这1万元的意义也可看作一位老人在抗非典战线的奉献；这1万元的重量，实在不亚于堂皇大厅里富豪们的金山……这便是艺德，这便是一位公民的爱国心、责任心。于是，豫剧大师常香玉又一次在人们面前立起一座山，不仅仅对艺术家，也对所有人。

2003年12月23日，80岁高龄的常香玉到北京奥运会建筑工地，参加了慰问河南民工的公益演出。当时，她患癌症已经到了晚期。

那台晚会的主办者也很矛盾。他们知道常香玉病得非常重，正在北京住院治疗，不该再给老人家增添压力。可是他们也知道，老人一辈子都热衷于公益事业，在北京的河南民工又都想见见她。怎么办？他们小心翼翼地问当时陪护她的儿子陈嘉康。嘉康把这件事告诉了母亲，同时也说了医生的意见和家里的人意见。大家的意见是一致的：安心治病，这次演出就不去了。

没想到，常香玉却坚持一定要去。她让儿子打电话给主办晚会的单位：常香玉一定到演出现场去，她好久没见观众了，想他们！再说，慰问在北京的河南民工，是最该办的事，得去。能唱就唱，不能唱就是看看老乡，说说话也好。

那天，常香玉早早就做好了准备。自己要唱的唱段尽管已经很熟悉，她还要反复练习几遍。这是老习惯了，她一生对每一次演出都是如此。演出在晚上，她上午就让孩子们帮她把要穿的服装熨好，挂在衣架上。下午，她提前开始化装，满头银白色的头发梳理得一丝不苟。化妆很讲究，先把脸清洗干净，底色得上匀，因为长时期生病，接受过化疗，她的脸色不像原来那样红润，那就多打一点腮红。

女儿如玉说："妈，演出还早，您先吃点东西，躺下休息一会儿也好哇。"常香玉说："我现在不感到饿，戏比天大，演出完再吃东西吧。"

常香玉剧照

　　由于病情严重，常香玉长期便血，身体每时每刻都很疼。但她是为艺术而生的，只要还有一口气，就要为老百姓演唱。

　　当天夜里，尽管身体极度虚弱，常香玉还是在女儿的搀扶下，微笑着走上台来。她先是问候台下的河南老乡们，对他们的工作给予了肯定，鼓励河南籍的民工们要好好工作，为奥运会在北京举办建成最好的体育场，为首都争光，为河南争光。

　　晚会是在寒冷的冬天里进行的，在现场热烈的气氛中，没人知道常香玉此时是在忍受着什么样的疼痛！在家人的搀扶下常香玉登上舞台，清唱了一段《柳河湾》，演唱结束后，她感到浑身发冷，身上没有了一点儿力气，身下一股股的液体往外流。她死死地抓住身边女儿的手，还是微笑着和上台来见面的民工们握手、照相。要和常香玉照相的人们排成了队，队伍很长很长。过了很大一会儿，常香玉实在支持不住了，女儿赶紧把妈妈扶住，抹着眼泪大声呼喊着："请大家让让，快让让，我妈她该回医院了。"这次演出成为她一生舞台生涯的绝唱。

婚姻爱情

1942年秋，常香玉应邀到宝鸡演募捐戏，为河南同乡会组建的、灾民子弟上的中州小学筹募基金。演出结束后，常香玉经李会长介绍，认识了河南老乡、宝鸡大新面粉公司董事长黄自芳。黄自芳是个戏迷，能写会画。他写的剧本《灯节缘》，让常香玉在1943年农历正月十六进行了赈灾义演。演出结束后，大家纷纷发表意见。陈宪章说："这个戏故事情节不错，人物塑造也好，语言也很流畅，观众一听都懂。由于这三方面的原因，所以这个戏受到观众欢迎。"陈宪章又说："我再提点儿意见，虽是一句唱词，却涉及表演和剧本的两个方面。这句唱词是：'我观他人忠厚眉清目秀。'常香玉女士在表演时，在灯节上一看到这位公子，就用水袖挡脸，有些欠妥。小姐一见这公子，应当上下打量一下，然后再唱'我看他……'略带一点背躬就行了，一定要看清之后再唱。"

常香玉和陈宪章

常香玉当时虽没说话，但心里想：一个大闺女，突然看到一位相公，就瞪着眼看人家，恐怕不妥。常香玉虽然嘴里没说啥，但其表情陈宪章还是看出来了。他接着说："常香玉女士的拿手戏是《西厢记》，《西厢记》里有一折叫'惊艳'，就是写张生和莺莺在普救寺里的初次见面。两人的四只眼睛彼此一看，各吃一惊。张生认为莺莺小姐堪称绝代佳人，莺莺认为张生儒雅风流，两人相爱就在这个'惊'字上。所以，彼此见面一定要看个清楚，然后再唱。我的这个看法不一定对，请常香玉女士指正。"常香玉此时目不转睛地看着陈宪章，认为他说得有理。他针对我戏中的一句台词说："'我看他眉清目秀人忠厚'这句词用得不准确。你根本就不了解他，就怎知眉清目秀的人一定是忠厚老实的呢。"我听了之后，觉得这个人不仅懂戏，还很幽默，就这样对他有了好感。

那次座谈会开过之后，常香玉心里想的是陈宪章，挂念的是陈宪章，做梦梦见的仍是陈宪章。当时，常香玉已经21岁，爱情之花已经从蓓蕾期到了开放期。

陈宪章，1917年出生在河南郑州，7岁前父母先后亡故，由奶娘抚养长大，初中毕业考入了洛阳师范。抗日战争爆发后，戏剧家洪深带领的战时移动演剧二队来到河南，上演了《九一八以来》《保卫卢沟桥》《日军暴行》《在东北》和《放下你的鞭子》等宣传抗日的剧目，陈宪章义务参加了战时移动演剧二队的演出，不久后，又在西安参加了国民党政府举办的战干四团艺术班，积累了一些戏剧知识，渐渐地成了一名豫剧编剧。陈宪章十分喜爱文艺，二胡拉得很不错。也好戏，字写得很清秀。是宝鸡县的三青团书记，因为他是洛阳师范毕业生，同乡会就让他兼着中州小学校长。

与常香玉第一次见面后没多久，陈宪章在黄自芳的家中，第二次见到了常香玉。陈宪章给常香玉念根据《孔雀东南飞》改编的《鸳鸯梦》戏词，说戏文，这一次的见面，彻底地打开了常香玉的心扉。陈宪章的影子，在常香玉眼前始终挥之不去。

　　常香玉后来回忆说：闭着眼睛，甚至睁着眼睛，我都清楚地看见宪章站在面前。随后的几天，常香玉不住地盼望再见到陈宪章，她频频地跑到门口张望，用常香玉自己的话说，我的心就像《闹书馆》里那句唱词，真有点"意马难栓"了。然而，陈宪章却一直没有出现。

　　没过多久，常香玉就遇到了李樾村逼唱堂会，为了表示反抗，常香玉把两个金戒指塞进了嘴里，一个被人强行抠了出来，另一个则吞到了肚子里。送到医院后，医生用吃韭菜喝蓖麻油的土法为其治疗。她父母让她吃她不吃，她的师兄妹们谁劝她也不吃非死不中，我不活了。陈宪章听到这个消息以后就马上赶到医院，看到陈宪章，常香玉委屈得没有说话，闭着眼在流泪。陈宪章就劝她，说今天他羞辱了你，但是你也羞辱了他，是不是，谁胜利了，你胜利了。现在一街的人都在骂李樾村，都说常香玉是好样的。说你为这个事死了不值得。你有没有考虑考虑还有我呢。常香玉当时还是不吃，陈宪章说，你看你这么年轻，是不是有点可惜呀，再说因为什么事啊，这就后半生就没了，或者叫医生来开刀吧。一听说开刀，曾经因为肋膜炎切除了两根肋骨的常香玉，立即向陈宪章表示，同意吃韭菜喝蓖麻油。

　　常香玉晚年回忆起这一幕时曾这样说道：他的眼神是那么明亮，那么柔和，充满了期待和希望。求生的欲望忽然又在心中燃烧，我恨不得把金戒指立即排出来，但再一闪念，这多么难为情啊！只好又闭上了眼睛。

从这一天开始，常香玉与陈宪章的交往越来越频繁。渭河这条黄河最大的支流，蜿蜒流过宝鸡，每天清晨，常香玉都要到渭河滩练嗓子。吞金事件过去后，清晨的渭河岸边除了常香玉，又多了陈宪章的身影，每次清晨的见面与交谈，给常香玉带去了无限的快乐和温暖，常香玉生平第一次体会到了爱情的甜蜜。但是这一甜蜜的爱情很快就遭遇到阻力。常香玉了解到陈宪章已

常香玉和陈宪章

有妻儿，这个现实让常香玉十分失望。

陈宪章跟常香玉结婚以前，结过婚了，但是长期不在一起，所以说他也就没有隐瞒这个事情。他跟常香玉讲，他说我结过婚了，但是我们没有感情，我准备离婚了。常香玉说我不愿意破坏你们的婚姻，如果你愿意留着你这个原配的话，咱们可以不谈。陈宪章说就是没有你存在我也得离婚。常香玉提出了3个条件。就是第一不当小老婆，第二不嫁当官的，第三结完婚得让她唱戏。面对常香玉的这3个条件，陈宪章爽快地答应了。这场关于结婚条件的谈话照例在渭河岸边进行，直到太阳升起。常香玉离开之前，陈宪章对她说道：香玉，我说话是算数的。两人的感情迅速升温，那就是说这个陈宪章

常香玉与剧作家陈宪章（常香玉丈夫）在学术交流会上畅谈"常派"艺术特色

西 安

除常香玉不娶，常香玉是唯陈宪章不嫁。

常香玉与陈宪章恋爱的消息很快被传开了，对于两人的交往，常香玉的父母坚决反对。

渭河岸边，关于结婚的3个条件的谈话结束后，陈宪章便离开宝鸡去了西安，目的是实现自己的诺言，回西安办理离婚手续，等待陈宪章回来的日子对常香玉来说，是如此的漫长。就在这个时候，常香玉的父亲为了断绝两人的交往，决定把剧团拉到汉中演出。出发的那天早晨，常香玉照例来到渭河边练嗓子，她此时最大的心愿就是看到陈宪章，对于那一刻的心思，常香玉后来回忆道：我站在渭河岸边，全神贯注地去捕捉火车的声音，把两个手掌支在耳朵后边……我想，宪章就在这趟火车上，一下火车，他准要直奔渭河滩而来。我的心剧烈跳动，到头来不过是一场空欢喜，因为那是一趟开往西安的火车。

　　常香玉随剧团来到汉中，连续演出了3个星期后，常香玉突然病倒了。常香玉过去在洛阳开过刀，她一面割掉了两根肋骨。那一次差一点没死了。这个伤口从后头一直到前面，两个大伤口，她这个相思病苦，觉得回宝鸡无望。这就伤口发炎了。想陈宪章，想见面见不着，不像现在有电话有手机，那个时候通信联络太困难了，非常困难的，写信她也不会，地址也弄不清。当时那个

常香玉在西安
　　常香玉和西安豫剧团同行会晤，大家谈笑风生，十分开心。

情况医生也追求常香玉，还有些学生也追求她，弄得她也休息不成，见天还想陈宪章。因为相思之痛，常香玉的病一直没有起色，就在这个时候，陈宪章得知了常香玉的病情，他跑遍了西安城，买了6瓶安福止痛膏，进口的药，托人给她捎去了，捎去果然有效。不知是药物的力量，还是爱情的力量，常香玉的病见好了，但是她发现父母并没有离开汉中的打算。

常香玉偷听她父母的话，说我看看汉中这个地方，咱这个戏也很吃香，咱就在这儿演一段，将来咱到兰州去演去，越走咱越往西，叫她跟陈宪章那小子彻底分开。在了解父母的真正意图后，常香玉决计偷偷地离开汉中回宝鸡，但是她费尽心思也找不到离开汉中的办法，就在一筹莫展的时候，一个绝好的机会出现在了常香玉的面前。小的时候那一批起来的有一个小师兄，因为家里老婆要生孩子了，所以他要去另外一个城市。常香玉就跟他商量，说咱俩这么好，你是我师兄吧？是，咱俩商量一个事，你回去呢，我给你出路费。咱俩你领我跑，中不中，咱还回宝鸡去。这就跟她师哥商量好了以后，两人一块跑了。

离开汉中的那天清晨，常香玉和小师兄一起找了一个僻静的地方喊嗓子、练功，然后顺着一条小路直奔汽车站。上车后，一直担心父亲追来的常香玉，把头搁在了膝盖上。这一天的情形，常香玉后来做了详细的描述：谁知发动机响了半天，车身晃了几十晃，轮子始终一动不动。我急得浑身冒汗，害怕父亲追来，仿佛觉得一分钟比一年还长。汽车终于艰难地启动了，出发了。在别人的欢呼声中，我竟像瘫痪了似的，浑身一点力气也没有。就在常香玉坐着汽车翻越秦岭的时候，陈宪章正在与一些同乡商议，再次为中州小学演募捐戏的事情。一天下午，常香玉突然出现在了陈宪章的面前。

陈宪章就给这个常香玉说，咱还是今天晚上还是老地方见面。咱们还在那地方见面，见面以后，陈宪章就把他离婚的情况都跟常香玉说了说。这一天的晚上，常香玉也很激动，说我为了你，我得罪了一班子，把我父母也得罪了，把戏班子都得罪了，是吧，宪章啊，我对你可是一片真心，一片诚意，我让你也看出来了，是不是，我什么都不顾了，除了你我什么都不顾了。淡淡的月光下，常香玉也清楚地看见了挂在陈宪章眼眶上的泪水。陈宪章讲述完自己离婚的情况后还告诉常香玉，他已经递交了辞职申请，最后，两人相约第二天依旧在渭河岸边相见。浑浊的渭河水依旧无声地流淌着，第二天两人再次见面后，陈宪章告诉常香玉，自己昨晚一夜没睡，想了一首诗，诗中最后四句这样写道：一度红娘销魂曲，三项条件玉壶心。渭水河畔谈星夜，秦岭山下洗

常香玉在西安

　　常香玉、陈宪章及小香玉委托记者向西安的戏迷问好。

风尘。后两句常香玉没有听懂，她想了想，建议改成"有福同享祸同受，今生今世不变心"。随后两人相互交换了戒指，正式订婚。

　　没过多久，常香玉的父亲带着剧团回到宝鸡，在众人的劝解下，父女俩终于和解。常香玉和陈宪章订婚后不多久，1944年，21岁的常香玉与27岁的陈宪章在西安东大街正大豫饭庄正式举行了结婚仪式，因为追求常香玉的人很多，两人担心横生枝节，结婚仪式悄悄举行，宾客也只有4个人。常香玉不仅有了生活中相濡以沫的伴侣，而且事业上有了一个相辅相成的好帮手。随后，常香玉和陈宪章给常香玉的父母写了一封信，告诉他们已经结婚。一个星期后，父亲回信说，常香玉的两套演出戏箱归他们二老所有，只送给常香玉两件帔作为纪念。

结婚之后，陈宪章更是放弃了一切，专心为常香玉的事业奔波。加之陈宪章自幼喜爱戏剧，也很有艺术天赋，开始为常香玉编写剧本，其中最著名的就是《花木兰》。其实可以说，没有陈宪章就没有后来的常派豫剧艺术。常香玉从小没学过文化，认识陈宪章后才一点点学习看报。为了不让其他事情分散常香玉的精力，陈宪章把里里外外的事情都承担了下来，对常香玉的照顾更是

宝鸡金台观

无微不至，他觉得无论发生什么事情都不能影响常香玉的演出，那样会对不起观众。"宪章是帮我帮惯了，所以我什么都不会，除了唱戏，别的都不会，他不仅给我教词还要解释，里头每句词的意思他都要解说。我们家里头的大大小小，所有的一切事情

都不跟我讲，天塌下来的事情也不能跟我讲。"

常香玉晚年一直与陈宪章做着剧作研究、教学育人的工作。2000年在陈宪章病重的那段日子里，常香玉每天都要到病床边去陪伴他，"我每次去的时候，他总是抓着我的手，不想让我离开。"在那段日子里，常香玉主张给已经无药可医的老伴实施安乐死，"我知道老头受罪，我希望他早走。"在陈宪章刚离开的那段日子里，常香玉痛苦极了，她曾经跟女儿说过这样的话："你说你爸那么聪明的一个人，他怎么就不发明一种药，让我们俩同时一天死？"相伴50多年的陈宪章离别了心爱的妻子，陈

破洪州

宪章在写给妻子的诗作中描述的"比翼双飞江湖游，无悔无恨不知愁"的快乐日子一去不复返了。陈宪章去世后，他的骨灰就放在常香玉的房间里，常香玉说，有这个在，我就可以天天跟他说说话。

常香玉和陈宪章共同创作演出了上百个豫剧剧目。代表作有《拷红》《白蛇传》《花木兰》《破洪州》。

1948年，常香玉和陈宪章在西安创办香玉剧校，后改建为香玉剧社。

1989年，常香玉获第一届"中国金唱片奖"。

1994年，常香玉获纽约华美协会颁发的"亚洲最佳艺人终生成就奖"。

2000年7月9日，陈宪章逝世，终年83岁。

2004年6月1日，常香玉逝世，终年81岁。

常香玉入党

新中国成立的时候，26岁的常香玉就已经是名扬海内外的豫剧艺术家了，但她对组织上说："像我这样唱戏的，新中国成立前人叫作'戏子'，几次被逼得没法活、要自杀，受尽了百般欺辱。只有在新中国成立后，地位才变了，成了光荣的文艺工作者，有了做人和艺术家的尊严。自己工作稍微有了一点儿成绩，党和人民就给了很高的荣誉。"不久，她向党组织递交了入党申请书。

1958年时，常香玉在河南郑州定居。这时，她的入党愿望还没能实现。

问题出在丈夫陈宪章的身上。因为他在抗日战争中第二次国共合作时期，当过国民党陕西省渭南县和宝鸡县二青团书记。但后来脱离，并转而资助中共地下党的宣传工作，被国民党当作共产党员抓进大牢。党组织对常香玉入党愿望很重视，想解决她的入党问题。可是一

考察，就能听到有关陈宪章的各种议论。虽然党组织对陈宪章的问题是清楚的，知道他是清白的，但有个别同志还是劝常香玉与陈宪章划清界限，不然入党问题就不能解决。

常香玉不肯与丈夫断了，但也为入不了党哭过了好多回。几十年的夫妻甘苦与共，相濡以沫，特别在艺术上，丈夫对她的帮助真是太大了。他给她写适合她演出的剧本，甚至把她在台上演出的每个动作每句唱腔，都给她做分析，帮她提高。在生活上，他们已经有了几个孩子，带孩子、教育孩子，丈夫比自己做得多得多。不管是义演救助穷人，还是抗美援朝捐献飞机，哪一次活动丈夫都是最好的帮手。她认为陈宪章纵然有一段路是

常香玉与陈宪章

走错了，可那时毕竟他还年轻啊，而且他自己也追悔莫及。她认为他真心拥护共产党，是个好人，不应该把他当成敌人。自己和丈夫的界限可怎么划呀？

事情终于有了转机。1958年，时任中共中央委员会总书记兼国务院副总理的邓小平同志到河南省调查研究，在和省委领导谈话时，邓小平问到了常香玉。他听说在省豫剧院工作的常香玉入党问题还没有解决，当即表示："常香玉同志是在我国最困难的时候，做出过重大贡献的人。她的入党问题在河南解决不了，就让中央直接解决，直接发展她入党。"

小平同志的一番话，说得再清楚明白不过了。当天夜里，河南省委领导通知省文化局，常香玉入党的事中央领导指示了，我们要立即办。请你们文化局党组认真讨论一下，拿出个意见来。

"忽如一夜春风来"，中央领导人的关心使常香玉激动得热泪盈眶。入党这一天，她举起右手默默地宣誓：自己是党的人了，要一辈子对得起党，自己的一切都是党给的，要当一个文艺战线上合格的中国共产党党员。

常香玉，历任中国戏剧家协会副主席、河南分会副主席，河南豫剧院院长，河南省戏曲学校校长，是一、二、三、五、六、七届全国人大代表。1979年，当选为中国戏剧家协会副主席，曾任河南省戏曲学校校长。

1995年被国务院授予"全国先进工作者"称号。2004年7月7日，国务院发布《国务院关于追授常香玉同志"人民艺术家"荣誉称号的决定》，追授常香玉大师"人民艺术家"荣誉称号。2009年9月14日，她被评为100位新中国成立以来感动中国人物之一。

常香玉大师是我国目前唯一被国务院授予"人民艺术家"称号的文艺工作者，她一生实践"戏比天大"的座右铭，视艺术为生命，是豫剧界一位领军人物。正是凭着对豫剧艺术的执着追求，常香玉才成为现代豫剧的一代宗师，她的传奇人生将永远为人们所铭记。

亲人、弟子、友人在默默地为常大师的在天之灵祈祷。

演出剧目及获奖

在豫西一带跑野台时期

（1932年—1935年）

《铡美案》

这是常香玉1932年首次登台演出的第一个剧目，在剧中饰演英哥（娃娃生）。

《洪月娥背刀》又名《洪桥关》

这是常香玉学习的第一个剧目，在剧中饰演洪月娥（刀马旦）。

《阴阳河》

在剧中饰演李桂莲（青衣）。

《破洪州》

在剧中饰演穆桂英（刀马旦），演出"下花园"一折。

《抱琵琶》

在剧中饰演秦香莲（青衣）。

《买衣争子》即《桃花庵》

在剧中饰演窦氏（青衣）。

《玉虎坠》又名《杀王腾》

在剧中饰演王娟娟（闺门旦）。

《斩蔡阳》

1934年在郑州长发戏院演出此剧，这是常香玉首闯郑州的第一个剧目，"豫西三张一周"之一的周海水饰演关羽，常香玉在剧中饰演马僮（武生）。

《卖苗郎》又名《孝妇泪》

在剧中分别饰演苗郎和柳逢春，与汤兰香互换角色。

《曹庄杀妻》

在剧中分别饰演焦氏和曹庄（泼旦，武生两门抱）。

《香囊记》即《抬花轿》

在剧中饰演"疯闺女"周凤莲（花旦）。

进入开封和中州戏曲研究社时期

（1936年—1938年秋）

《善宝庄》即《曹庄杀妻》

1936年元月在开封醒豫舞台演出此剧，在剧中饰演焦氏（泼旦），与接着演出的《杀王腾》《打祭桩》并称常香玉进开封踢响的"头三脚"。

《杀王腾》即《玉虎坠》

1936年在醒豫舞台演出此剧，在剧中饰演王娟娟（闺门旦）。

《大祭桩》

演出"打路"一折，在剧中饰演黄桂英（闺门旦）。

《黄爱玉》又名《刘庸私访》

1936年与"豫西三张"之一的张同庆在卅封醒豫舞台联袂演出此剧，在剧中饰演黄爱玉（花旦、泼旦）。

《秦雪梅》

该剧由张丙运，史书明根据旧戏整理，张福仙设计唱腔。1936年在醒豫舞台演出此剧，全剧共分"闹书馆""别府""吊孝"三折，在剧中饰演秦雪梅（闺门旦）。

《蓝桥会》

该剧由张丙运，史书明根据传统戏整理，张福仙设计唱腔，在剧中饰演兰瑞莲（闺门旦）。

《贩马记》

1936年与马天德在醒豫舞台合作演出此剧，在剧中饰演李桂枝（闺门旦）。

《收姬昌》

1936年在开封醒豫舞台演出此剧，在剧中饰演姬母（老旦）。

《打南阳》

1936年在醒豫舞台，在剧中饰演能干（武丑）。

《泗州城》

1936年农历八月十五日在开封醒豫舞台演出此剧，

在剧中饰演水母娘娘（武旦）。

《洛阳桥》

1936年在开封醒豫舞台演出此剧，在剧中饰演耶律含嫣（花旦）。

《破天门》

在剧中饰演穆桂英（刀马旦）。

《破洪州》

在剧中饰演穆桂英（刀马旦）。

《六部西厢》

由著名剧作家王镇南编导，1937年2月开始在开封醒豫舞台演出此剧，马天德饰演张君瑞，（一二部）常香玉饰演崔莺莺，杨桂云饰演红娘；（三四五六部）常香玉饰演红娘，杨桂云饰演崔莺莺（花旦闺门两门抱）。

《劈杨藩》

1937年4月6日在醒豫舞台演出此剧，在剧中饰演樊梨花（刀马旦）。

《和北番》即《二度梅》

由王镇南编导，1937年4月15日在开封醒豫舞台演出此剧，在剧中饰演陈杏元（闺门旦）。

《汾河湾》

1937年4月17日在开封醒豫舞台与张同庆合作演出此剧，在剧中饰演柳迎春（青衣）。

《哭长城》

由王镇南编导，1937年在开封醒豫舞台演出此剧，在剧中饰演孟姜女（青衣）。

《桃花庵》

由王镇南编导，1937年在开封醒豫舞台演出此剧，在剧中饰演窦氏。1956年又由陈宪章导演加工后演出。

《如姬窃符》

由王镇南编导，1937年在醒豫舞台演出此剧，在剧中饰演如姬（闺门旦）。

《棠棣之花》

由王镇南根据郭沫若同名话剧编导，1937年在开封醒豫舞台演出此剧，在剧中饰演聂荣（花旦、刀马旦）。

《五堂会审》即《游龟山》又名《蝴蝶杯》

由王镇南编导，1937年在开封醒豫舞台演出此剧，在剧中饰演胡凤莲（闺门旦）。

《水漫兰桥》即《兰桥会》

王镇南再次整理执导，在剧中饰演兰瑞莲（闺门旦）。

《盗佛手桔》即《女中魁》

因"倒仓"返回豫西。1937年5月在密县野台演出此剧，在剧中饰演周凤娘（花旦、刀马旦），并在剧中反串小生。

《巧姻缘》即《日月图》

1937年5月在密县跑野台时与张同庆合作演出此剧，在剧中饰演胡莲英（花旦）。

《断肠花》

1937年8月在开封醒豫舞台演出此剧。

《李刚打朝》

1937年8月在开封醒豫舞台演出此剧，在剧中饰演国太（老旦）。

《打土地》

这是豫剧的第一个现代戏，由王镇南编导，1938年2月5日在纪念中周锡去研究社成立一周年时演出此剧，在剧中饰演农妇（青衣）。

西安、宝鸡、汉中、兰州及香玉剧社时期
（1938年冬—1955年）

《白玉楼讨饭》

1939年元月6日西安开锣演出此剧，在剧中饰演白玉楼（青衣）。

《三上关》

1939年上半年在西安演出此剧，在剧中饰演樊梨花（刀马旦）。

《齐天大圣》

1939年上半年在西安演出此剧。

《麒麟烛》

1939年上半年在西安演出此剧。

《慈云庵》

1939年上半年在西安演出此剧，疑是《慈悲愿》，在剧中饰演唐僧（小生）。

《三女侠》

1939年上半年在西安演出此剧。

《武家坡》

1939年上半年在西安演出此剧，在剧中饰演王宝钏（青衣）。

《花园赠剑》

1939年上半年在西安演出此剧，在剧中饰演百花公主（刀马旦）。

《黄鹤楼》

1939年上半年在西安演出此剧，在剧中常香玉饰演周瑜（武生），祥符名旦王秀兰饰演赵云，豫西名旦宋淑云饰演刘备。

《织黄绫》又名《牛郎织女》

1939年农历七月初七在西安演出此剧，在剧中饰演织女（闺门旦）。

《齿痕记》即《桃花庵》

由著名剧作家樊粹庭编剧，1941年在西安演出此剧，在剧中饰演窦氏（青衣）。

《邵巧云》又名《霄壤恨》

由樊粹庭编剧，1941年在西安演出此剧，在剧中饰演邵巧云（由闺门到青衣）。

《七部西厢》即《六部西厢》续集

由黄自芳编导，1942年秋在宝鸡河声剧院演出此剧，在剧中饰演红娘（花旦）。

《秦雪梅》续集

由黄自芳编导，1942年秋在宝鸡河声剧院演出此剧，在剧中饰演秦雪梅（青衣）。

《灯节缘》

由黄自芳编导，1943年正月十六在宝鸡河声剧院演出此剧，在剧中饰演小姐（闺门旦）。

《鸳鸯梦》

由黄自芳根据《孔雀东南飞》改编并导演，1943年正月在宝鸡河声剧院演出此剧，在剧中饰演刘兰芝（青衣）。

《秦雪梅吊孝》

由著名剧作家陈宪章再次改编执导，1945年在宝鸡演出此剧，在剧中饰演秦雪梅（闺门旦）。只演"观文""别府""吊孝"。

《凤仪亭》又名《连环计》

由陈宪章编导，1947年在西安演出此剧，在剧中饰演貂蝉（花旦）。

《金碧霞》

由剧作家王景中编剧，1949年在兰州天山剧院演出此剧，在剧中饰演金碧霞（刀马旦）。

《柳化蝉》

由王景中编剧，1949年在兰州天山剧院演出此剧，

在剧中饰演柳化蝉（青衣）。

《八部西厢》

由王景中改编，1949年在兰州演出此剧。

《花木兰》

由陈宪章根据马少波京剧本编导，1950年12月在西安南大街剧院演出此剧，在剧中饰演花木兰（花旦、武生）。

《梁祝》

由陈宪章编导，演出"十八里相送"一折，1952年在西安南大街剧院演出此剧，在剧中饰演祝英台（闺门旦、小生）。

《白蛇传》

由王景中根据田汉同名京剧本改编，李紫贵执导，1952年2月底在开封人民大会场演出此剧，在剧中饰演白素贞（青衣）。

《投衙》

这是《游龟山》中的一折，1953年赴朝鲜慰问时演出此剧，在剧中饰演胡凤莲（闺门旦）。

河南省豫剧院一团时期
（1956年—1966年）

《漳河湾》

1956年元月一日在郑州河南人民剧院演出此剧，在剧中饰演曹秉华。

《擦亮眼睛》

由著名作家李准编剧，陈宪章导演。

《大祭桩》

由陈宪章编导，1956年12月在河南人民剧院演出此剧，在剧中饰演黄桂英（闺门旦）。

《五世请缨》

由陈宪章根据传统戏整理，1957年12月12日在省人民剧院演出此剧，在剧中饰演佘太君（老旦）。

《母亲》

根据白沉，兰流同名沪剧改编，陈宪章执导，1958

年5月22日在河南人民剧院演出此剧，在剧中饰演母亲。

《破洪州》

由陈宪章根据传统戏整理并执导，常香玉、赵义庭、赵锡铭共同导演，1959年在河南人民剧院演出此剧，在剧中饰演穆桂英（刀马旦）。

《三哭殿》

由陈宪章改编，1959年12月1日在河南人民剧院演出此剧，在剧中饰演银屏公主（青衣）。

《杜十娘》

由陈宪章根据河北跃进青年剧团同名演出本移植整理，1960年元旦在河南人民剧院演出此剧，在剧中饰演杜十娘（闺门旦）。

《鸳鸯谱》

由陈宪章根据川剧传统剧目移植整理，赵义庭导演。1960元月28日在河南人民剧院演出此剧，在剧中饰演刘慧娘（闺门旦）。

《游龟山》

由赵籍身陈宪章根据传统戏整理，1961年在河南人民剧院演出此剧，在剧中饰演胡凤莲（闺门旦）。

《玉虎坠》

由陈宪章根据传统戏整理并执导，1962年元旦在河南人民剧院演出此剧，在剧中饰演王娟娟（闺门旦）。

《朝阳沟》

由杨兰春编剧，杨兰春、许欣执导，在剧中饰演拴宝娘。

《李双双》

由李准、赵籍身、杨兰春改编，1964年5月30日在河南人民剧院演出此剧，在剧中饰演李双双，高兴旺饰演孙喜旺。

《杜鹃山》

1965年演出此剧，在剧中饰演柯湘。

《人欢马叫》

由刘锡拈、李树修编剧，刘锡拈执导。1965年6月9

日在河南人民剧院演出此剧，在剧中饰演吴大娘。

《卖箩筐》

由黄俊岭根据同名越调改编，在剧中饰演张大嫂。

"文化大革命"以后时期
（1973年以后）

《百将渡》

由崔承海、夏相林、谢巧官执导，1973年5月23日前夕在河南人民剧院演出此剧，在剧中饰演杨奶奶。

《红灯记》

1974年10月9日在河南人民剧院演出此剧，在剧中饰演李奶奶。

《于无声处》

1978年11月18日在河南人民剧院演出此剧，在剧中饰演母亲。

《断桥》

由陈宪章改编、赵义庭导演，1980年4月9日在河南人民剧院演出此剧，参加豫剧流派调演，在剧中饰演白素贞（青衣）。

《冰山春水》

1980年在河南人民剧院演出此剧，在剧中饰演郑豫华。

《柳河湾》

1981年12月在河南人民剧院演出此剧，在剧中饰演郭大脚。

1952年参加第一届全国戏曲观摩演出大会，获荣誉奖。

1994年6月荣获"亚洲最佳艺人终身成就艺术奖"。

1995年被国务院授予"全国先进工作者"称号。